Noch mehr Muffins!

GU Rezept-

Wegweiser

Rezept	Seite	Kalorien/Stück	Schnell	Braucht etwas Zeit	Gelingt leicht	Zum Mitnehmen	Zum Nachmittagskaffee	Raffiniert	Deftig	Klassiker
Mohn-Muffins	32	210		●		●				
Ahornsirup-Muffins	34	220	●		●					●
Erdnußbutter-Muffins	34	290			●	●				
Cornflake-Muffins	36	160			●					●
Zucchini-Muffins	36	230			●	●				
Möhren-Muffins	38	330			●	●				
Kartoffel-Käse-Muffins	38	190		●	●	●		●		
Grundrezept pikante Muffins	42	180		●	●	●			●	
Italienische Salami-Muffins	42	210		●				●	●	
Französische Zwiebel-Schinken-Muffins	44	220			●			●	●	
Englische Puten-Muffins	44	150		●					●	●
Skandinavische Lachs-Muffins	46	160		●				●		
Schweizer Käse-Muffins	46	190		●					●	
Ungarische Paprika-Muffins	48	190		●					●	
Spanische Meeresfrüchte-Muffins	48	130			●			●	●	
Kanadische Wildreis-Pilz-Muffins	50	190		●				●		
Amerikanische Thunfisch-Muffins	50	150				●			●	●
Mexikanische Mais-Muffins	52	140				●		●	●	
Chinesische Muffins	52	140		●				●		
Schokocreme	56	100	●		●					
Vanillecreme	56	100			●			●		
Zuckerglasur	57	85	●		●					●
Amerikanische Glasur	57	180	●		●					●
Sommer-Eis-Muffins	58	215		●	●			●		
Muffins-Verzierungen	60	–			●		●	●		●

Früchte-Muffins

Ein Muffin ist nicht gleich ein Muffin. Grundsätzlich gibt es zwei Arten von Muffins, und zwar die »English Muffins« (englische Muffins), ein Hefeteiggebäck, und die klassischen nordamerikanischen Muffins, ein Backpulvergebäck. Diese Muffins sind saftige, kleine Kuchen aus Rührteig. Ein echter Muffin ist locker und innen feucht. Zum Rühren von Muffinteig benötigen Sie kein Handrührgerät, gerührt wird mit dem Löffel und auch das nur kurz.

Ein weitere Art Muffins sind die »cupcakes«. Sie werden grundsätzlich ohne Obst gebakken, mit mehr Fett und Zucker und schmecken dadurch süßer. Außerdem wird der Teig anders gerührt als der Muffinteig. Ähnlich wie beim klassischen Rührkuchen wird bei den »cupcakes« zuerst die Butter mit dem Zucker schaumig geschlagen. Die Eier werden dann einzeln hinzugefügt. Die Glasur, das typisch amerikanische »icing«, ist bei »cupcakes« ein Muß. Je süßer, desto besser.

Links sehen Sie einen »klassischen« Muffin, daneben einen üppig verzierten Cupcake.

Muffinsgeschichte

Das viktorianische England ist das Ursprungsland der English Muffins. Bereits im 18. Jahrhundert hatten diese kleinen Hefeteigbrötchen Hochkonjunktur. Der »muffin man«, der typische Muffinbäcker, verkaufte frühmorgens und am Nachmittag, sein Verkaufstablett auf dem Kopf jonglierend, frische duftende Muffins auf der Straße. Getoastet und mit reichlich Butter und Marmelade bestrichen wurden englische Muffins zum Frühstück oder zum klassischen britischen Tee gereicht. Mit dem Auswanderungsstrom aus Europa fanden auch die Muffins eine neue Heimat im »Land der unbegrenzten Möglichkeiten«.

Muffinsbäckerei leicht gemacht

Da es sich bei Muffins um ein Kleingebäck handelt, ist die Backdauer relativ kurz. Je nach Größe der Backblech-Vertiefungen ändert sich selbstverständlich auch die Länge der Backzeit. Je größer der Durchmesser der Backform, desto länger die Backzeit. 20–30 Min. Backzeit bezieht sich auf 3/4 bis volle Füllung. Dies ergibt 12 schöne, große Muffins. Bei Mini-Muffins verkürzt sich die Backzeit auf 10-12 Min. Die großen Texas-Muffins backen 30-40 Min.

Temperatur-Hinweise

Der herkömmliche Backofen kann durchaus auf 180° vorgeheizt werden (Umluft 160°). Die Muffins werden dann bei mittlerer Hitze bei 180° (Umluft 160°) auf der mittleren Schiene gebacken. Da die Backzeit recht kurz ist, ist es wichtig, am Anfang eine möglichst hohe Backtemperatur zu gewährleisten. Dadurch gehen die Muffins schön auf. Nach ca. 10 Min. können Sie die Backofentemperatur etwas zurückschalten. Bitte öffnen Sie die Backofentür erst nach 10 Min. Backzeit. Vorheriges Öffnen birgt die Gefahr, daß die Muffins in sich zusammenfallen und ihre lockere Konsistenz verlieren.

Backförmchen oder Fett?

Benutzen Sie Papier-Backförmchen, dann brauchen Sie die Vertiefungen des Backblechs nicht einzufetten. Das Blech läßt sich so auch leichter spülen. Ansonsten muß das Blech gut gefettet werden, also die Einbuchtungen und der äußere Rand, damit größere Muffins nicht am Blech oben kleben bleiben! Leere Vertiefungen ohne Teiginhalt können mit Wasser gefüllt werden. Durch die erhöhte Luftfeuchtigkeit werden die Muffins locker und leicht!

Machen Sie die Garprobe!

Die »Zahnstocher-Test-Methode« ist geeignet, um festzustellen, ob die Muffins bereits fertig sind. Beim Eindrücken mit dem Finger auf den Muffin sollte dieser seine ursprüngliche Form bewahren, dann ist er fertig. Mit der Zeit sehen Sie an der Farbe der Muffins, ob sie genau richtig sind oder noch einige Minuten Backzeit brauchen.

So lösen sich Muffins leicht aus der Form

Bevor man die Muffins aus dem Blech nimmt, sollten sie 5-10 Min. im Backblech abkühlen. Wenn Sie Papier-Backförmchen benutzt haben, sollten Sie die Muffins etwas länger abkühlen lassen, da sonst der Teig am Papier haften bleibt. Dies ist besonders bei Früchtemuffins wichtig. Ein hilfreicher Trick: Stellen Sie das Backblech einige Zeit auf ein angefeuchtetes Tuch. So lösen sich die Muffins besser vom Blech.

Muffins Grundrezept

● Schnell
● Gelingt leicht

Wenn Sie Muffins nach Ihrem eigenen Geschmack backen wollen, liegen Sie mit diesem Rezept immer richtig. Variieren ist hier kein Problem. Verwenden Sie die Backzutaten nach Lust und Laune oder nehmen Sie, was Sie gerade vorrätig haben. Gutes Gelingen wünscht Ihnen »Miss Muffin«.

Für etwa 12 Stück:

120 g Vollkornmehl
140 g Mehl (Type 405)
2 TL Backpulver
1/2 TL Natron
1 TL Gewürze nach Wahl (z. B. Vanille, Zimt)
60 g gehackte Nüsse oder Rosinen, Trockenobst, Schokostückchen etc.
250 g Obst (frisch oder aus der Dose)
1 Ei
140 g brauner Zucker
80 ml Pflanzenöl oder 125 g weiche Butter oder Margarine
280 g Buttermilch, Milch, Joghurt oder saure Sahne
Für die Backform:
Fett oder 12 Papier-Backförmchen

Zubereitungszeit: 15 Min.
Backzeit: 20–25 Min.

Pro Stück ca.: 210 kcal
5 g EW/8 g F/32 g KH

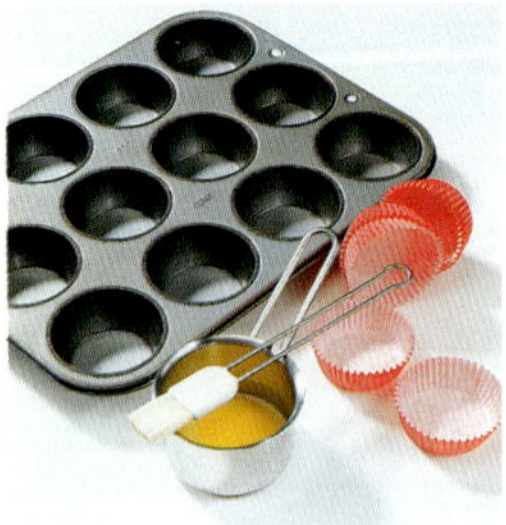

1 Den Backofen auf 180° vorheizen. Die Vertiefungen eines Muffinsblechs einfetten oder Papierförmchen hineinsetzen.

2 Beide Mehlsorten in eine Schüssel geben und mit Backpulver, Natron, den Gewürzen und den Nüssen bzw. Rosinen, Trockenobst oder Schokostückchen vermischen.

3 Das frische Obst putzen und in kleine Stücke schneiden. Obst aus der Dose abtropfen lassen und ebenfalls kleinschneiden.

4 Das Ei in einer anderen Schüssel leicht verquirlen. Dann den Zucker, das Fett und das Milchprodukt dazugeben und gut verrühren. Die Mehlmischung unterrühren. Zuletzt das Obst vorsichtig unterheben.

5 Den Teig sofort in die Blechvertiefungen einfüllen. Im Backofen (Mitte, Umluft 160°) in 20–25 Min. goldgelb backen.

6 Die Muffins im Backblech 5 Min. ruhen lassen, dann aus den Förmchen nehmen und noch warm servieren.

TIP!

Natron gibt's in größeren Supermärkten und in der Apotheke. Wenn Sie es nicht bekommen, ersetzen Sie es durch Backpulver.

Bananen-Beeren-Muffins

Banana Berry Muffins

● Schnell
● Gelingt leicht

Für etwa 12 Stück:

200 g Beeren (frisch, aus dem Glas oder tiefgekühlt)
2 EL Mehl
300 g Mehl (Type 405)
2 1/2 TL Backpulver
1/2 TL Natron
1/2 TL Zimt
2 Eier
90 g brauner oder weißer Zucker
1 Päckchen Vanillezucker
80 ml neutrales Öl oder 125 g weiche Butter
2 mittelgroße, reife Bananen (185 g)
Für die Backform:
Fett oder 12 Papier-Backförmchen

Zubereitungszeit: 15 Min.
Backzeit: 25–30 Min.

Pro Stück ca.: 185 kcal
4 g EW/5 g F/31 g KH

1 Den Backofen auf 180° vorheizen. Die Vertiefungen eines Muffinsblechs einfetten oder Papierförmchen hineinsetzen.

2 Frische Beeren waschen und verlesen. Konservierte Früchte in ein Sieb schütten und gut abtropfen lassen.

Tiefgekühlte Beeren aus dem Gefrierfach nehmen, aber nicht auftauen lassen. Die Beeren mit dem Mehl bestäuben.

3 Das Mehl in eine Schüssel geben und mit Backpulver, Natron und Zimt vermischen.

4 Die Eier in einer anderen Schüssel leicht verquirlen. Dann den Zucker, den Vanillezucker, das Öl oder die Butter hinzufügen und gut verrühren.

5 Die Bananen schälen, mit einer Gabel zerdrücken, zur Eimasse geben und verrühren. Die Mehlmischung zum Eigemisch geben und kurz unterrühren, bis die trockenen Zutaten feucht sind. Zuletzt die Beeren vorsichtig unterheben.

6 Den Teig in die Vertiefungen des Blechs einfüllen. Im Backofen (Mitte, Umluft 160°) 25-30 Min. backen. Die Muffins im Backblech 5 Min. ruhen lassen, dann aus den Förmchen nehmen und nach Belieben warm servieren.

Im Bild oben: Grundrezept Muffins
Im Bild unten: Bananen-Beeren-Muffins

Apfel-Streusel-Muffins

Apple Crumble Muffins

- Gelingt leicht
- Klassiker

Für etwa 12 Stück:

2 kleine Äpfel (etwa 200 g)
120 g Vollkornmehl
140 g Mehl (Type 405)
2 TL Backpulver
1/2 TL Natron
1 1/2 TL Zimt
1/4 TL Nelkenpulver
1/8 TL geriebene Muskatnuß
90 g gehackte Walnüsse
1 Ei
140 g brauner Zucker
80 ml neutrales Öl oder
125 g weiche Butter
1 Päckchen Vanillezucker
300 g Buttermilch

Für die Streusel:

50 g Mehl
1 TL Zimt
60 g gehackte Walnüsse
45 g brauner Zucker
50 g weiche Butter

Für die Backform:

Fett oder 12 Papier-Backförmchen

Zubereitungszeit: 20 Min.
Backzeit: 20–25 Min.

Pro Stück ca.: 320 kcal
6 g EW/16 g F/38 g KH

1 Den Backofen auf 180° vorheizen. Die Vertiefungen eines Muffinsblechs einfetten oder Papierförmchen hineinsetzen.

2 Die Äpfel waschen, schälen und kleinschneiden.

3 Beide Mehlsorten in eine Schüssel geben und mit Backpulver, Natron, Zimt, Nelken, Muskat, gehackten Nüssen und Apfelstückchen sorgfältig vermischen.

4 Das Ei in einer Schüssel leicht verquirlen. Dann den Zucker, das Öl oder die Butter, den Vanillezucker und die Buttermilch hinzufügen und gut verrühren.

5 Die Mehlmischung zum Eigemisch geben und kurz unterrühren, bis die trockenen Zutaten feucht sind.

6 Für die Streusel Mehl, Zimt, die Nüsse, den Zucker und die Butter zu einem krümeligen Teig kneten.

7 Den Teig in die Blechvertiefungen füllen. Dann die Streusel darüber streuen. Im Backofen (Mitte, Umluft 160°) 20-25 Min. backen. Die Muffins im Backblech 5 Min. ruhen lassen, dann aus den Förmchen nehmen und nach Belieben noch warm servieren.

Mango-Muffins

Mango Muffins

- Auch zum Nachmittagskaffee
- Raffiniert

Für etwa 12 Stück:

1 reife Mango
250 g Mehl (Type 405)
2 TL Backpulver
1/2 TL Natron
abgeriebene Schale von 1 unbehandelten Zitrone
2 Eier
90 g Zucker
250 g Frischkäse
30 g Aprikosenjoghurt
120 g saure Sahne

Zum Bestreuen:

40 g gehobelte Mandelblättchen

Für die Backform:

Fett oder 12 Papier-Backförmchen

Zubereitungszeit: 20 Min.
Backzeit: 20–25 Min.

Pro Stück ca.: 220 kcal
5 g EW/10 g F/26 g KH

1 Den Backofen auf 180° vorheizen. Die Vertiefungen eines Muffinsblechs einfetten oder Papierförmchen hineinsetzen.

2 Die Mango schälen, den Kern entfernen und das Fruchtfleisch in kleine Stücke schneiden.

3 Das Mehl in eine Schüssel geben und mit dem Backpulver, dem Natron und der Zitronenschale vermischen.

4 In einer anderen Schüssel die Eier verquirlen. Dann Zucker, Frischkäse, Joghurt, saure Sahne und Mangostückchen hinzufügen und gut verrühren. Die Mehlmischung zur Eimasse geben und nur so lange rühren, bis die trockenen Zutaten feucht sind.

5 Den Teig in die Blechvertiefungen einfüllen und mit den Mandelblättchen bestreuen, 20–25 Min. backen. Die Muffins im Backblech 5–10 Min. ruhen lassen, dann aus den Förmchen nehmen und nach Belieben noch warm servieren.

VARIANTE

Anstelle der Mango können Sie auch Pfirsiche oder Aprikosen verwenden.

Im Bild oben: Apfel-Streusel-Muffins
Im Bild unten: Mango-Muffins

Himbeer-Streusel-Muffins

Raspberry Crumble Muffins

- Gelingt leicht
- Auch zum Nachmittagskaffee

Für etwa 12 Stück:

150 g Himbeeren (frisch, aus dem Glas oder tiefgekühlt)
200 g Mehl (Type 405)
2 TL Backpulver
1/2 TL Natron
1 TL Zimt
60 g gehackte Nüsse
1 Ei
120 g brauner oder weißer Zucker
80 ml neutrales Öl oder 125 g weiche Butter
170 g Buttermilch oder Milch

Für die Streusel:

70 g Mehl (Type 405)
50 g Zucker
1 TL Zimt
40 g gehackte Nüsse
60 g Butter

Für die Backform:

Fett oder 12 Papier-Backförmchen

Zubereitungszeit: 15 Min.
Backzeit: 20–25 Min.

Pro Stück ca.: 270 kcal
5 g EW/14 g F/32 g KH

1 Den Backofen auf 180° vorheizen. Die Vertiefungen eines Muffinsblechs einfetten oder Papierförmchen hineinsetzen.

2 Frische Himbeeren verlesen. Himbeeren aus dem Glas abtropfen lassen. Tiefgekühlte Beeren nicht auftauen lassen.

3 Das Mehl in eine Schüssel sieben, mit Backpulver, Natron, Zimt und den gehackten Nüssen vermischen.

4 Das Ei in einer anderen Schüssel leicht verquirlen. Dann den Zucker, das Öl oder die Butter und die Buttermilch oder Milch hinzufügen und gut verrühren.

5 Die Mehlmischung zum Eigemisch geben und kurz unterrühren, bis die trockenen Zutaten feucht sind. Zuletzt die Himbeeren vorsichtig unterheben.

6 Für die Streusel Mehl, Zucker, Zimt, Nüsse und die Butter zu einem krümeligen Teig kneten.

7 Den Teig in die Blechvertiefungen einfüllen und mit den Streuseln bestreuen. Im Backofen (Mitte, Umluft 160°) 20–25 Min. backen. Die Muffins im Backblech ca. 10 Min. ruhen lassen, dann aus den Förmchen nehmen und noch warm servieren.

Heidelbeer-Muffins

Blueberry Muffins

- Klassiker
- Zum Mitnehmen

Für etwa 12 Stück:

200 g Heidelbeeren (frisch, aus dem Glas oder tiefgekühlt)
2 EL Mehl
250 g Mehl (Type 405)
2 TL Backpulver
1/2 TL Natron
1 TL abgeriebene Schale von 1 unbehandelten Zitrone
1 Ei
120 g brauner oder weißer Zucker
1 Päckchen Vanillezucker
80 ml neutrales Öl oder 125 g weiche Butter
200 g Buttermilch

Für die Backform:

Fett oder 12 Papier-Backförmchen

Zubereitungszeit: 15 Min.
Backzeit: 20–25 Min.

Pro Stück ca.: 170 kcal
4 g EW/5 g F/29 g KH

1 Den Backofen auf 180° vorheizen. Die Vertiefungen eines Muffinsblechs einfetten oder Papierförmchen hineinsetzen.

2 Frische Heidelbeeren waschen und verlesen. Beeren aus dem Glas gut abtropfen lassen. Tiefgekühlte Beeren aus dem Gefrierfach nehmen, aber nicht auftauen lassen. Mehl in ein Sieb geben, über die Beeren streuen.

3 Das Mehl in eine Schüssel geben und mit Backpulver, Natron und Zitronenschale vermischen.

4 Das Ei in einer anderen Schüssel leicht verquirlen. Den Zucker, den Vanillezucker, das Öl oder die Butter und die Buttermilch hinzufügen und gut verrühren.

5 Die Mehlmischung zum Eigemisch geben und kurz unterrühren, bis die trockenen Zutaten feucht sind. Zuletzt die Beeren vorsichtig unterheben.

6 Den Teig in die Blechvertiefungen füllen. Im Backofen (Mitte, Umluft 160°) 20–25 Min. backen. Die Muffins im Backblech 5 Min. ruhen lassen, dann aus den Förmchen nehmen und nach Belieben warm servieren.

Im Bild oben: Heidelbeer-Muffins
Im Bild unten: Himbeer-Streusel-Muffins

Mandarinen-Muffins

Mandarin Muffins

- Gelingt leicht
- Raffiniert

Für etwa 12 Stück:

1 Dose Mandarinenstückchen (180 g Abtropfgewicht)
250 g Mehl (Type 405)
2 TL Backpulver
1/2 TL Natron
1/8 TL Nelkenpulver
1/8 TL geriebene Muskatnuß
1 Ei
120 g Zucker
70 ml neutrales Öl oder 85 g weiche Butter
250 g Buttermilch
Für die Verzierung:
125 g Frischkäse
3 EL Zucker
2 EL Orangensaft
1 TL abgeriebene Schale von 1 unbehandelten Orange
3 EL Kokosflocken
Für die Backform:
Fett oder 12 Papier-Backförmchen

Zubereitungszeit: 15 Min.
Backzeit: 20–25 Min.

Pro Stück ca.: 200 kcal
4 g EW/8 g F/28 g KH

1 Den Backofen auf 180° vorheizen. Das Muffinsblech einfetten oder Papierförmchen hineinsetzen.

2 Die Mandarinen in ein Sieb schütten, gut abtropfen lassen und in kleine Stücke schneiden.

3 Das Mehl in eine Schüssel sieben, mit Backpulver, Natron und den Gewürzen vermischen.

4 Das Ei in einer anderen Schüssel leicht verquirlen. Den Zucker, das Öl oder die Butter und die Buttermilch hinzufügen und gut verrühren. Die Mehlmischung zum Eigemisch geben und kurz unterrühren, bis die trockenen Zutaten feucht sind. Zuletzt die Mandarinenstückchen vorsichtig unterheben.

5 Für die Verzierung den Frischkäse mit dem Zucker, dem Orangensaft und der Orangenschale mit dem Schneebesen zu einer glatten Creme schlagen.

6 Den Teig in die Blechvertiefungen füllen. Im Backofen (Mitte, Umluft 160°) 20–25 Min. backen. Die Muffins im Backblech 10 Min. ruhen lassen, dann aus den Förmchen nehmen und auskühlen lassen. Mit der Orangencreme bestreichen und mit Kokosflocken bestreuen.

Ananas-Litschi-Muffins

Pineapple Lichi Muffins

- Raffiniert
- Auch zum Nachmittagskaffee

Für etwa 12 Stück:

250 g Mehl (Type 405)
2 TL Backpulver
1/2 TL Natron
50 g Kokosflocken
100 g Litschis (aus der Dose)
150 g Ananas (aus der Dose)
1 Ei
120 g brauner oder weißer Zucker
80 ml neutrales Öl oder 125 g weiche Butter
250 g Buttermilch
Für die Verzierung:
150 g Puderzucker
2–3 EL Lichi-Ananas-Fruchtsaft
4 EL Kokosflocken
Für die Backform:
Fett oder 12 Papier-Backförmchen

Zubereitungszeit: 15 Min.
Backzeit: 20–25 Min.

Pro Stück ca.: 320 kcal
5 g EW/9 g F/56 g KH

1 Den Backofen auf 180° vorheizen. Die Vertiefungen eines Muffinsblechs einfetten oder Papierförmchen hineinsetzen.

2 Das Mehl in eine Schüssel sieben, mit Backpulver, Natron und den Kokosflocken sorgfältig vermischen.

3 Die Litschis und die Ananas in ein Sieb schütten. 2–3 EL Fruchtsaft für die Glasur aufbewahren. Früchte in kleine Stücke schneiden.

4 Das Ei in einer anderen Schüssel leicht verquirlen. Dann den Zukker, das Öl oder die Butter und die Buttermilch hinzufügen und gut verrühren. Die Mehlmischung zum Eigemisch geben und kurz unterrühren. Zuletzt die Obststückchen vorsichtig unterheben.

5 Den Teig in die Blechvertiefungen einfüllen. Im Backofen (Mitte, Umluft 160°) 20–25 Min. backen. Die Muffins im Backblech 10 Min. ruhen lassen, dann aus den Förmchen nehmen und auskühlen lassen.

6 Für die Verzierung den Puderzucker mit dem Saft zu einem glatten Guß verrühren. Die Muffins einzeln in den Guß eintauchen und mit Kokosflocken bestreuen.

Im Bild oben: Mandarinen-Muffins
Im Bild unten: Ananas-Litschi-Muffins

Pflaumen-Mandel-Muffins

Plum Almond Muffins

- Schnell
- Raffiniert

Für etwa 12 Stück:

200 g Pflaumen (frisch oder aus dem Glas)
280 g Mehl (Type 405)
2 TL Backpulver
1/2 TL Natron
1 TL Zimt
60 g gehackte Mandeln
1 Ei
140 g brauner oder weißer Zucker
80 ml neutrales Öl oder 125 g weiche Butter
250 g Buttermilch oder saure Sahne
Für die Streusel:
70 g Mehl
50 g Zucker
1/2 TL Zimt
4 EL gehackte Mandeln
60 g Butter
Für die Backform:
Fett oder 12 Papier-Backförmchen

Zubereitungszeit: 15 Min.
Backzeit: 20–25 Min.

Pro Stück ca.: 320 kcal
7 g EW/15 g F/39 g KH

1 Den Backofen auf 180° vorheizen. Die Vertiefungen eines Muffinsblechs einfetten oder Papierförmchen hineinsetzen.

2 Die Pflaumen waschen, die Stiele entfernen und die Früchte in Stückchen schneiden. Obst aus dem Glas abtropfen lassen, in kleine Stücke schneiden.

3 Das Mehl in eine Schüssel geben, mit Backpulver, Natron, Zimt und Mandelstückchen vermischen.

4 Das Ei in einer anderen Schüssel leicht verquirlen. Den Zucker, das Öl oder die Butter und die Buttermilch oder saure Sahne hinzufügen und gut verrühren.

5 Die Mehlmischung zum Eigemisch geben und kurz unterrühren, bis die trockenen Zutaten feucht sind. Zuletzt die Pflaumenstückchen vorsichtig unterheben.

6 Für die Streusel Mehl, Zucker, Zimt, Mandeln und die Butter zu einem krümeligen Teig kneten.

7 Den Teig in die Blechvertiefungen einfüllen. Dann die Streusel darüber streuen. Im Backofen (Mitte, Umluft 160°) 20-25 Min. backen. Die Muffins im Backblech 10 Min. ruhen lassen, dann aus den Förmchen nehmen und nach Belieben noch warm servieren.

Trauben-Marzipan-Muffins

Grape Almond Paste Muffins

- Gelingt leicht
- Raffiniert

Für etwa 12 Stück:

250 g kernlose Trauben
100 g Marzipan-Rohmasse
280 g Mehl (Type 405)
2 TL Backpulver
1/2 TL Natron
1/2 TL Zimt
1 Ei
120 g brauner oder weißer Zucker
1 Päckchen Vanillezucker
80 ml neutrales Öl oder 125 g weiche Butter
250 g Buttermilch oder saure Sahne
Für die Verzierung:
150 g Puderzucker
2 1/2 EL Weißwein (ersatzweise Traubensaft)
Für die Backform:
Fett oder 12 Papier-Backförmchen

Zubereitungszeit: 15 Min.
Backzeit: 20–25 Min.

Pro Stück ca.: 270 kcal
5 g EW/7 g F/48 g KH

1 Den Backofen auf 180° vorheizen. Die Vertiefungen eines Muffinsblechs einfetten oder Papierförmchen hineinsetzen.

2 Die Trauben sorgfältig waschen. Das Marzipan in kleine Stückchen schneiden.

3 Das Mehl in eine Schüssel sieben, mit Backpulver, Natron, Zimt und Marzipanstückchen sorgfältig vermischen.

4 Das Ei in einer anderen Schüssel leicht verquirlen. Den Zucker, den Vanillezucker, das Öl oder die Butter und die Buttermilch oder saure Sahne hinzufügen und gut verrühren. Die Mehlmischung zum Eigemisch geben und kurz unterrühren, bis die trockenen Zutaten feucht sind. Zuletzt die Trauben vorsichtig unterheben.

5 Den Teig in die Blechvertiefungen füllen. Im Backofen (Mitte, Umluft 160°) 20-25 Min. backen. Die Muffins im Backblech 10 Min. ruhen lassen, dann aus den Förmchen nehmen und gut auskühlen lassen.

6 Für die Verzierung den Puderzucker mit dem Weißwein zu einem glatten Guß verrühren. Die Muffins einzeln in den Guß eintauchen und antrocknen lassen.

Im Bild oben: Pflaumen-Mandel-Muffins
Im Bild unten: Trauben-Marzipan-Muffins

Orangen-Schoko-Muffins

Orange Chocolate Muffins

- Zum Mitnehmen
- Raffiniert

Für etwa 12 Stück:

1 Orange
175 ml Orangensaft
200 g Mehl (Type 405)
2 TL Backpulver
1/2 TL Natron
abgeriebene Schale von 1 unbehandelten Orange
50 g Schokotröpfchen
1 Ei
120 g brauner Zucker
70 ml neutrales Öl oder 100 g weiche Butter
Für die Verzierung:
150 g Puderzucker
1 TL abgeriebene Schale von 1 unbehandelten Orange
2-3 EL Campari (ersatzweise Orangensaft)
4 EL Kokosflocken oder Orangenschalen-Streifen
Für die Backform:
Fett oder 12 Papier-Backförmchen

Zubereitungszeit: 20 Min.
Backzeit: 20-25 Min.

Pro Stück ca.: 230 kcal
3 g EW/6 g F/39 g KH

1 Den Backofen auf 180° vorheizen. Die Vertiefungen eines Muffinsblechs einfetten oder Papierförmchen hineinsetzen.

2 Die Orange waschen, schälen, filetieren und in kleine Stückchen schneiden. Die Orangenstückchen zusammen mit dem Orangensaft in einem Mixer pürieren.

3 Das Mehl in eine Schüssel geben, mit Backpulver, Natron, der Orangenschale und den Schokotröpfchen vermischen.

4 Das Ei in einer anderen Schüssel leicht verquirlen. Den Zucker, das Öl oder die Butter und das Orangengemisch hinzufügen und gut verrühren. Die Mehlmischung zum Eigemisch geben und kurz rühren.

5 Den Teig in die Blechvertiefungen füllen. Im Backofen (Mitte, Umluft 160°) 20–25 Min. backen. Die Muffins im Backblech 10 Min. ruhen lassen, dann aus den Förmchen nehmen und auskühlen lassen.

6 Für die Verzierung den Puderzucker mit der Orangenschale und dem Campari zu einer glatten Creme schlagen. Die obere Hälfte der Muffins in den Guß eintauchen und mit Kokosflocken oder Orangenschalen-Streifen bestreuen.

Zitronen-Muffins

Lemon Muffins

- Auch zum Nachmittagskaffee
- Raffiniert

Für etwa 12 Stück:

120 g Vollkornmehl
140 g Mehl (Type 405)
2 TL Backpulver
1/2 TL Natron
abgeriebene Schale von je 1 unbehandelten Zitrone und Orange
1 Ei
140 g Zucker
80 ml neutrales Öl
250 g Buttermilch
Für die Verzierung:
100 ml frisch ausgepreßter Zitronensaft
100 ml frisch ausgepreßter Orangensaft
3 EL Zucker
Puderzucker
Für die Backform:
Fett

Zubereitungszeit: 20 Min.
Backzeit: 20-25 Min.

Pro Stück ca.: 160 kcal
4 g EW/5 g F/27 g KH

1 Den Backofen auf 180° vorheizen. Die Vertiefungen eines Muffinsblechs einfetten.

2 Beide Mehlsorten in eine Schüssel geben, mit Backpulver, Natron und der Zitronen- und Orangenschale vermischen.

3 Das Ei in einer anderen Schüssel leicht verquirlen. Dann den Zukker, das Öl und die Buttermilch gut verrühren. Die Mehlmischung zum Eigemisch geben und kurz unterrühren.

4 Den Teig in die Blechvertiefungen einfüllen. Im Backofen (Mitte, Umluft 160°) 20–25 Min. backen. Die Muffins im Backblech 10 Min. ruhen lassen, dann aus den Förmchen nehmen.

5 Für die Verzierung den Zitronen- und Orangensaft durch ein Sieb passieren und kurz erwärmen. Den Zucker hinzufügen und darin auflösen.

6 Die warmen Muffins mehrmals mit einem Zahnstocher anstechen und anschließend mit dem Orangen-Zitronen-Sud tränken. Nach etwa 1 Std. die Muffins mit Puderzucker bestäuben.

Im Bild oben: Orangen-Schoko-Muffins
Im Bild unten: Zitronen-Muffins

Birnen-Muffins

Pear Muffins

● Braucht etwas Zeit
● Klassiker

Für etwa 12 Stück:

240 g Birnen (aus der Dose)	
90 g Vollkornmehl	
140 g Mehl (Type 405)	
2 1/2 TL Backpulver	
1/2 TL Natron	
1 1/2 TL Zimt	
1/4 TL Nelkenpulver	
1 Ei	
140 g brauner Zucker	
80 ml neutrales Öl oder	
125 g weiche Butter	
2 EL Rum oder Whiskey nach Belieben	
180 g Joghurt	
100 g saure Sahne	
Für die Streusel:	
70 g Mehl	
1 TL Zimt	
45 g Zucker	
60 g weiche Butter	
Für die Backform:	
Fett oder 12 Papier-Backförmchen	

Zubereitungszeit: 20 Min.
Backzeit: 20–25 Min.

Pro Stück ca.: 260 kcal
4 g EW/10 g F/36 g KH

1 Den Backofen auf 180° vorheizen. Die Vertiefungen eines Muffinsblechs einfetten oder Papierförmchen hineinsetzen.

2 Die Birnen in einem Sieb gut abtropfen lassen und die Birnenhälften in grobe Stückchen schneiden.

3 Beide Mehlsorten in eine Schüssel geben und mit Backpulver, Natron, Zimt und Nelken sorgfältig vermischen.

4 Das Ei in einer anderen Schüssel leicht verquirlen. Den Zucker, das Öl oder die Butter, nach Belieben den Rum oder Whiskey, den Joghurt und die saure Sahne hinzufügen und gut verrühren.

5 Die Mehlmischung zum Eigemisch geben und kurz unterrühren, bis die trockenen Zutaten feucht sind. Zuletzt die Birnenstückchen vorsichtig unterheben.

6 Für die Streusel Mehl, Zimt, Zucker und die Butter zu einem krümeligen Teig kneten.

7 Den Teig in die Blechvertiefungen einfüllen. Dann die Streusel darüberstreuen. Im Backofen (Mitte, Umluft 160°) 20–25 Min. backen. Die Muffins im Backblech 10 Min. ruhen lassen, dann aus den Förmchen nehmen und noch warm servieren.

Schwarzwälder-Kirsch-Muffins

»Black forest« Cherry Muffins

● Braucht etwas Zeit
● Klassiker

Zaubern Sie Ihren Gästen als Dessert oder zum Nachmittagskaffee eine leckere Überraschung!

Für etwa 12 Stück:

200 g Süß- oder Sauerkirschen (Abtropfgewicht, aus dem Glas)	
260 g Mehl (Type 405)	
2 1/2 TL Backpulver	
1/2 TL Natron	
3 EL Kakaopulver	
4 EL Schokostückchen	
2 Eier	
120 g brauner oder weißer Zucker	
80 ml neutrales Öl oder	
125 g weiche Butter	
220 g Buttermilch oder Dickmilch	
Für die Verzierung:	
6 EL Kirschwasser (ersatzweise Kirschsaft)	
200 g Sahne	
Zucker nach Belieben	
12 Süß- oder Sauerkirschen	
Schokostreusel	
Für die Backform:	
Fett oder 12 Papier-Backförmchen	

Zubereitungszeit: 25 Min.
Backzeit: 20–25 Min.

Pro Stück ca.: 270 kcal
5 g EW/12 g F/33 g KH

1 Den Backofen auf 180° vorheizen. Die Vertiefungen eines Muffinsblechs einfetten oder Papierförmchen hineinsetzen.

2 Die Kirschen in ein Sieb schütten und gut abtropfen lassen. 12 Kirschen zur Seite legen für die Verzierung. Große Kirschen kleinschneiden.

3 Das Mehl in eine Schüssel geben, mit Backpulver, Natron, Kakao und Schokostückchen sorgfältig vermischen.

4 Die Eier in einer anderen Schüssel leicht verquirlen. Dann den Zucker, das Öl oder die Butter und die Butter- oder Dickmilch hinzufügen und gut verrühren.

5 Die Mehlmischung zum Eigemisch geben und kurz unterrühren, bis die trockenen Zutaten feucht sind. Zuletzt die Kirschen vorsichtig unterheben.

6 Den Teig in die Blechvertiefungen einfüllen. Im Backofen (Mitte, Umluft 160°) 20–25 Min. backen.

Die Muffins im Backblech 10 Min. ruhen lassen, dann aus den Förmchen nehmen und gut abkühlen lassen. Jeden Muffin mit jeweils 1-2 TL Kirschwasser beträufeln.

7 Für die Verzierung die Sahne nach Belieben mit Zucker steif schlagen. Jeweils 1 EL auf die ausgekühlten Muffins geben und mit einer Kirsche hübsch verzieren. Mit Schokostreuseln bestreuen.

TIP!

Nach Belieben können Sie in die Sahne auch 1 Päckchen Vanillezucker unterrühren. Im Sommer empfiehlt sich 1 Päckchen Sahnesteif.

Im Bild oben: Birnen-Muffins
Im Bild unten: Schwarzwälder-Kirsch-Muffins

Allround Muffins

Das meiste Zubehör zum Muffinsbacken findet sich in jeder Küche. Investieren müssen Sie nur in ein Muffinsblech. Folgende Utensilien benötigen Sie:

- 2-3 einfache Rührschüsseln
- 1 Kochlöffel oder Schneebesen (kein Handrührgerät!)
- 1 Teigschaber
- 1 Tee- und 1 Eßlöffel
- 1 Schneidebrett und 1 scharfes Messer (nach Bedarf)
- 1 Muffins-Blech (Standardgröße mit 12 Vertiefungen) oder andere Formen
- Papier-Backförmchen (nach Belieben)
- 1 Kuchengitter

Muffins-Backbleche

Zum Muffinsbacken benötigen Sie unbedingt ein Muffinsbackblech. Wenn Sie ausschließlich die Papier-Backförmchen benutzen, quillt Ihnen der Teig über die Förmchen und Ihre Muffins sehen dann einfach nicht schön aus. Mittlerweile sind Muffinsbackformen überall im Handel erhältlich. Achten Sie beim Kauf unbedingt auf die Qualität der Backbleche! Aus den original amerikanischen, antihaftbeschichteten Blechen lösen sich die Muffins am besten.

Antihaftbeschichtete Bleche sind ideal zum Muffinsbacken. Bei Weißblech-Backformen müssen Sie unbedingt zusätzlich Papierbackförmchen verwenden.

Vielfalt der Formen

Die original amerikanischen Backformen gibt es mittlerweile in verschiedenen Größen und Formen: Es gibt sie in Mini-, Standard- und Texasgröße. Die Rezepte dieses Buches beziehen sich auf die Standardform mit 12 Vertiefungen von je 7,5 cm ø. Ein Rezept ergibt immer ungefähr 12 Muffins der Standardform, ungefähr 36 Mini-Muffins oder 6 Texasmuffins.
Die Auswahl an Backformen mit jeweils sechs Vertiefungen wird immer größer. Sie finden Backbleche mit Herzformen, Gugelhupfförmchen, Rechteckformen, »Angel food«-Form, mit Bärchen, in der Weihnachtszeit mit Tannenbäumchen. Da diese Formen sechs Vertiefungen aufweisen, müssen Sie den Teig in zwei Backvorgängen backen oder im Umluftherd zwei dieser Backformen einsetzen und gleichzeitig backen.

Zutaten-Tauschbörse

Haben Sie einmal eine Backzutat nicht zu Hause, ist das beim Muffins-Backen kein Problem. Sie können folgende Zutaten problemlos ersetzen:

- Mehl: Ob Sie Vollkornmehl oder gemahlenes Weizenmehl (Type 405) verwenden, ist grundsätzlich egal. Wenn Sie jedoch in einem Rezept Weißmehl durch Vollkornmehl ersetzen, sollten Sie etwas Flüssigkeit zum Teig dazugeben.
- Nüsse: Ob Mandeln, Pecan-, Wal-, Cashew- oder Haselnüsse: Ihr Geschmack allein entscheidet!
- Ei: Fehlt Ihnen ein Ei, so ersetzen Sie es duch 85 g ungesüßtes Apfelmus oder Aprikosenpüree. Haben Sie Eiweiß übrig, so können Sie durch 2 Eiweiß ein ganzes Ei ersetzen.
- Zucker: Sie können den Teig mit braunem oder weißem Zucker süßen. Verwenden Sie Honig, verringern Sie bitte die Menge um 1/3, denn Honig süßt stärker als Zucker.
- Fett: Öl, Butter oder Margarine können problemlos gegeneinander ausgetauscht werden. Als Öl eignet sich zum Backen geschmacksneutrales Pflanzenöl, z. B. Sonnenblumen- oder Distelöl.
- Milchprodukte: Milch, Buttermilch, Joghurt oder saure Sahne lassen sich problemlos austauschen. Eine Mischung aus Kondensmilch und Wasser im Verhältnis 1:1 kann notfalls auch verwendet werden.
- Früchte: Verwenden Sie idealerweise frisches Obst der Saison. Ersetzen Sie es durch konserviertes Obst aus dem Glas oder der Dose oder auch durch eingeweichte Trockenfrüchte.

Wissenswertes zu Natron

Wenn im Rezept Buttermilch oder saure Sahne angegeben sind, sollte unbedingt Natron als Triebmittel verwendet werden. Natron ist alkalisch (laugenhaltig) und bindet die Säureanteile der Milchprodukte. Dadurch kommt es zu einer chemischen Reaktion, die die Muffins beim Backen in die Höhe treibt und ihnen eine lockere und leichte Konsistenz verschafft.

Bei der Wahl der Zutaten für die Muffinsbäckerei können Sie frei nach Gusto und Vorrat entscheiden.

Nougat-Muffins

Nougat Muffins

- Auch zum Nachmittagskaffee
- Raffiniert

Für etwa 12 Stück:

80 g Nougat
100 g Vollkornmehl
120 g Mehl (Type 405)
2 TL Backpulver
1/2 TL Natron
60 g gehackte Haselnüsse
1 Ei
120 g brauner oder weißer Zucker
1 Päckchen Vanillezucker
80 ml neutrales Öl
240 g Buttermilch
Für die Backform:
Fett oder Papierbackförmchen

Zubereitungszeit: 15 Min.
Backzeit: 20–25 Min.

Pro Stück ca.: 210 kcal
4 g EW/8 g F/30 g KH

1 Den Backofen auf 180° vorheizen. Die Vertiefungen eines Muffinsblechs einfetten oder Papierförmchen hineinsetzen.

2 Das Nougat in kleine Stückchen schneiden.

3 Die beiden Mehlsorten in eine Schüssel geben und mit Backpulver, Natron, den Nüssen und den Nougatstückchen sorgfältig vermischen.

4 Das Ei in einer anderen Schüssel leicht verquirlen. Den Zucker, den Vanillezucker, das Öl und die Buttermilch dazugeben und gut verrühren.

5 Die Mehlmischung zum Eigemisch geben und nur so lange rühren, bis die trockenen Zutaten feucht sind.

6 Den Teig in die Blechvertiefungen einfüllen. Im Backofen (Mitte, Umluft 160°) 20–25 Min. backen. Die Muffins im Backblech 10 Min. ruhen lassen, aus den Förmchen nehmen und noch warm servieren.

VARIANTE

Probieren Sie doch einmal »Mozart-Muffins«! Formen Sie dazu Kugeln aus 80 g Nougat und umhüllen Sie diese mit 80 g Marzipan oder verwenden Sie »echte« Mozart-Kugeln. Füllen Sie die Blechvertiefungen jeweils zur Hälfte mit Teig und legen Sie eine Nougat-Marzipan-Kugel darauf. Danach mit Teig auffüllen und wie gewohnt backen. Außerdem gibt eine Schokocreme-Verzierung diesen Muffins noch das gewisse Etwas. Anleitungen dazu finden Sie auf Seite 56.

Schoko-Kokos-Muffins

Chocolate Coconut Muffins

- Braucht etwas Zeit
- Auch zum Nachmittagskaffee

Für etwa 12 Stück:

280 g Mehl (Type 405)
2 1/2 TL Backpulver
1/2 TL Natron
1/2 TL Zimt
3 EL Kakaopulver
1 Ei
130 g brauner oder weißer Zucker
1 Päckchen Vanillezucker
80 ml neutrales Öl oder 125 g weiche Butter
250 g Buttermilch
Für die Füllung:
12 Kokos-Konfekt-Kugeln (aus dem Supermarkt)
Für die Backform:
Fett oder Papierbackförmchen

Zubereitungszeit: 20 Min.
Backzeit: 20–25 Min.

Pro Stück ca.: 210 kcal
5 g EW/6 g F/34 g KH

1 Den Backofen auf 180° vorheizen. Die Vertiefungen eines Muffinsblechs einfetten oder Papierförmchen hineinsetzen.

2 Das Mehl in eine Schüssel geben und mit Backpulver, Natron, Zimt und Kakao sorgfältig vermischen.

3 Das Ei in einer anderen Schüssel leicht verquirlen. Dann den Zucker, den Vanillezucker, das Öl oder die Butter und die Buttermilch hinzufügen und gut verrühren.

4 Die Mehlmischung zum Eigemisch geben und nur so lange rühren, bis die trockenen Zutaten feucht sind.

5 Die Hälfte des Teiges in die Blechvertiefungen einfüllen. Dann jeweils 1 Stück Kokos-Konfekt daraufgeben und mit Teig auffüllen, bis das Konfekt ganz bedeckt ist. Im Backofen (Mitte, Umluft 160°) 20–25 Min. backen. Die Muffins im Backblech 10 Min. ruhen lassen, dann aus den Förmchen nehmen und nach Belieben noch warm servieren.

VARIANTE

Statt Kokoskonfekt eignen sich auch andere Konfektarten, z. B. Schoko-Nuß-Konfekt-Kugeln. Nicht geeignet sind dagegen mit flüssigem Alkohol gefüllte Pralinen.

Im Bild oben: Schoko-Kokos-Muffins
Im Bild unten: Nougat-Muffins

Karamel-Muffins

Caramel Muffins

● Braucht etwas Zeit
● Raffiniert

Für etwa 12 Stück:

120 g weiche Butter
100 g brauner oder weißer Zucker
180 g gehackte Walnüsse
200 g Mehl (Type 405)
50 g feine Haferflocken
2 1/2 TL Backpulver
1/2 TL Natron
1 TL Zimt
1 Ei
140 g brauner oder weißer Zucker
1 Päckchen Vanillezucker
80 ml neutrales Öl oder 125 g weiche Butter
250 g Buttermilch
Für die Backform:
Fett

Zubereitungszeit: 25 Min.
Backzeit: 25-30 Min.

Pro Stück ca.: 380 kcal
6 g EW/22 g F/38 g KH

1 Den Backofen auf 180° vorheizen. Die Vertiefungen eines Muffinsblechs gut einfetten. Für diese Muffins sind Papierförmchen ungeeignet.

2 In einer kleinen Schüssel die Butter, den Zucker und 100 g Walnüsse gut miteinander vermischen und gleichmäßig in den Muffinsblechvertiefungen verteilen.

3 Das Mehl in eine Schüssel geben und mit Haferflocken, Backpulver, Natron, Zimt und den restlichen Walnüssen vermischen.

4 Das Ei in einer anderen Schüssel leicht verquirlen. Dann den Zucker, den Vanillezucker, das Öl oder die Butter und die Buttermilch hinzufügen und gut verrühren.

5 Die Mehlmischung zum Eigemisch geben und nur so lange rühren, bis die trockenen Zutaten feucht sind.

6 Den Teig in die Blechvertiefungen auf die Karamel-Nuß-Masse geben. Im Backofen (Mitte, Umluft 160°) 25-30 Min. backen. Die Muffins im Backblech 15 Min. ruhen lassen, dann vorsichtig aus dem Blech nehmen und auf einem Kuchengitter umgekehrt abkühlen lassen.

7 Mit einem Löffel die restlichen Karamel-Nuß-Krümel aus den Blech-Vertiefungen entnehmen und auf die Muffins geben.

Mokka-Muffins

Mocha Muffins

● Zum Mitnehmen
● Auch zum Nachmittagskaffee

Für etwa 12 Stück:

280 g Mehl (Type 405)
2 TL Backpulver
1/2 TL Natron
1/2 TL Zimt
1 EL Kakaopulver
50 g Schokoraspel
50 g gehackte Walnüsse
1 Ei
150 g brauner oder weißer Zucker
80 ml neutrales Öl oder 125 g weiche Butter
125 ml abgekühlter Mokka, Espresso oder Kaffee
125 g Buttermilch
Für die Verzierung:
150 g Puderzucker
2-3 EL Mokka, Espresso oder Kaffee
Vollmilch-Schokoladenstreusel
Für die Backform:
Fett oder Papierbackförmchen

Zubereitungszeit: 20 Min.
Backzeit: 20-25 Min.

Pro Stück ca.: 280 kcal
5 g EW/9 g F/46 g KH

1 Den Backofen auf 180° vorheizen. Die Vertiefungen eines Muffinsblechs einfetten oder Papierförmchen hineinsetzen.

2 Das Mehl in eine Schüssel geben und mit Backpulver, Natron, Zimt, Kakaopulver, den Schokoraspeln und den Walnüssen sorgfältig vermischen.

3 Das Ei in einer anderen Schüssel leicht verquirlen. Dann den Zucker, das Öl oder die Butter, den Kaffee und die Buttermilch hinzufügen und gut verrühren.

4 Die Mehlmischung zum Eigemisch geben und nur so lange rühren, bis die trockenen Zutaten feucht sind.

5 Den Teig in die Blechvertiefungen einfüllen. Im Backofen (Mitte, Umluft 160°) 20-25 Min. backen. Die Muffins im Backblech 15 Min. ruhen lassen, dann aus den Förmchen nehmen und auf einem Kuchengitter abkühlen lassen.

6 Für die Verzierung den Puderzucker und den Kaffee zu einem glatten Guß verrühren. Jeden Muffin in den Guß eintauchen und mit Schokostreuseln bestreuen.

Im Bild oben: Mokka-Muffins
Im Bild unten: Karamel-Muffins

Espresso

Marzipan-Marmelade-Muffins

Almond Paste & Marmelade Muffins

- Braucht etwas Zeit
- Raffiniert

Für etwa 12 Stück:

250 g Mehl (Type 405)
2 TL Backpulver
1/2 TL Natron
1/2 TL Zimt
80 g gehackte Mandeln
1 Ei
100 g brauner oder weißer Zucker
80 ml neutrales Öl oder 125 g weiche Butter
2 Tropfen Bittermandel-Backaroma
300 g saure Sahne oder Buttermilch

Für die Füllung:

100 g Marzipan-Rohmasse
100 g Marmelade (Sorte nach Belieben)

Für die Backform:

Fett oder Papierbackförmchen

Zubereitungszeit: 20 Min.
Backzeit: 20–25 Min.

Pro Stück ca.: 270 kcal
6 g EW/13 g F/34 g KH

1 Den Backofen auf 180° vorheizen. Die Vertiefungen eines Muffinsblechs einfetten oder Papierförmchen hineinsetzen.

2 Das Mehl in eine Schüssel geben und mit Backpulver, Natron, Zimt und den gehackten Mandeln sorgfältig vermischen.

3 Das Ei in einer anderen Schüssel leicht verquirlen. Den Zucker, das Öl oder die Butter, das Bittermandel-Backaroma und die saure Sahne oder Buttermilch hinzufügen und gut verrühren.

4 Die Mehlmischung zum Eigemisch geben und nur so lange rühren, bis die trockenen Zutaten feucht sind.

5 Für die Füllung das Marzipan in 12 Stückchen teilen und jedes zu einer Kugel formen.

6 Den Teig zur Hälfte in die Blechvertiefungen einfüllen. Dann jeweils 1 TL Marmelade und 1 Marzipankugel daraufgeben und mit dem restlichen Teig auffüllen. Im Backofen (Mitte, Umluft 160°) 20–25 Min. backen. Die Muffins im Backblech 10 Min. ruhen lassen, dann aus den Förmchen nehmen und nach Belieben noch warm servieren.

Käsekuchen-Kirsch-Muffins

Cherry Cheesecake Muffins

- Auch zum Nachmittagskaffee
- Raffiniert

Für etwa 12 Stück:

100 g Doppelrahmfrischkäse
2 TL Puderzucker
260 g Mehl (Type 405)
2 1/2 TL Backpulver
1/2 TL Natron
1 TL abgeriebene Schale von 1 unbehandelten Orange
1 Ei
120 g brauner oder weißer Zucker
80 ml neutrales Öl
200 ml Milch
80 g Kirschmarmelade (mit ganzen Kirschen)

Für die Backform:

Fett oder Papierbackförmchen

Zubereitungszeit: 20 Min.
Backzeit: 20–25 Min.

Pro Stück ca.: 210 kcal
4 g EW/7 g F/31 g KH

1 Den Backofen auf 180° vorheizen. Die Vertiefungen eines Muffinsblechs einfetten oder Papierförmchen hineinsetzen.

2 In einer kleinen Schüssel den Frischkäse mit dem Puderzucker verrühren und beiseite stellen.

3 In einer weiteren Schüssel das Mehl mit dem Backpulver, dem Natron und der Orangenschale sorgfältig vermischen.

4 Das Ei in einer anderen Schüssel leicht verquirlen. Den Zucker, das Öl und die Milch dazugeben und gut verrühren. Die Mehlmischung hinzufügen und nur so lange rühren, bis die trockenen Zutaten feucht sind.

5 Die Vertiefungen des Muffinsblechs zur Hälfte mit Teig füllen. Jeweils 1 TL Frischkäsecreme und Kirschmarmelade daraufgeben und mit dem restlichen Teig auffüllen. Im Backofen (Mitte, Umluft 160°) 20-25 Min. backen.

6 Die Muffins im Backblech 10 Min. ruhen lassen. Dann aus den Förmchen nehmen und nach Belieben noch warm servieren.

Im Bild oben: Käsekuchen-Kirsch-Muffins
Im Bild unten: Marzipan-Marmelade-Muffins

Frischkäse-Baiser-Muffins

Cream Cheese Meringue Muffins

- Braucht etwas Zeit
- Auch zum Nachmittagskaffee

Für etwa 12 Stück:

Für den Teig:
150 g Mehl (Type 405)
1 TL abgeriebene Schale von 1 unbehandelten Zitrone
1 1/2 TL Backpulver
1/4 TL Natron
1 Eigelb
60 ml neutrales Öl
200 g Buttermilch
Für die Zitronenmasse:
250 g Doppelrahm-frischkäse
50 g saure Sahne
60 g Puderzucker
abgeriebene Schale von 1 unbehandelten Orange
2 EL Zitronensaft
1 EL Orangensaft
2 Eigelb
Für die Baiserhaube:
3 Eiweiß
100 g Zucker
Für die Backform:
Fett oder Papierbackförmchen

Zubereitungszeit: 25 Min.
Backzeit: 20-25 Min.

Pro Stück ca.: 210 kcal
5 g EW/11 g F/24 g KH

1 Den Backofen auf 180° vorheizen. Die Vertiefungen eines Muffinsblechs einfetten oder Papierförmchen hineinsetzen.

2 Das Mehl mit der Zitronenschale, dem Backpulver und dem Natron vermischen.

3 Das Eigelb leicht verquirlen, mit Öl und Buttermilch verrühren. Die Mehlmischung hinzufügen und kurz verrühren.

4 Für die Zitronenmasse alle Zutaten zu einer glatten Creme verrühren.

5 Die Eiweiße zu steifem Schnee schlagen. Den Zucker eßlöffelweise einrieseln lassen.

6 Zuerst den Teig gleichmäßig in die Vertiefungen des Muffinsblechs verteilen. Dann die Zitronenmasse daraufgeben. Den Eischnee in einen Spritzbeutel füllen und als letzte Schicht auf die Muffins spritzen.

7 Im Backofen (Mitte, Umluft 160°) 20-25 Min. backen. Muffins 5-10 Min. im Blech ruhen lassen und dann vorsichtig aus den Förmchen nehmen.

After-Eight-Muffins

After Eight Muffins

- Auch zum Nachmittagskaffee
- Raffiniert

Für etwa 12 Stück:

200 g After-Eight-Täfelchen
250 g Mehl (Type 405)
2 1/2 TL Backpulver
1/2 TL Natron
1 Ei
90 g brauner oder weißer Zucker
80 ml neutrales Öl
250 g Buttermilch
Für die Glasur:
150 g Puderzucker
2-3 EL Wasser
2-3 Tropfen Pfefferminzöl
Schokostreusel
Für die Backform:
Fett oder Papierbackförmchen

Zubereitungszeit: 20 Min.
Backzeit: 20-25 Min.

Pro Stück ca.: 210 kcal
4 g EW/5 g F/37 g KH

1 Den Backofen auf 180° vorheizen. Die Vertiefungen eines Muffinsblechs einfetten oder Papierförmchen hineinsetzen.

2 Die After-Eight-Täfelchen in kleine Stückchen schneiden und mit dem Mehl, dem Backpulver und dem Natron sorgfältig vermischen.

3 Das Ei in einer weiteren Schüssel leicht verquirlen. Zucker, Öl und Buttermilch dazugeben und gut miteinander verrühren.

4 Den Teig in die Blechvertiefungen einfüllen und bei 180° (Mitte, Umluft 160°) 20-25 Min. backen. Die Muffins im Backblech 10 Min. ruhen lassen. Dann aus den Förmchen nehmen und auf einem Kuchengitter ganz abkühlen lassen.

5 In einer kleinen Schüssel den Puderzucker mit dem Wasser und dem Pfefferminzöl zu einer glatten Glasur verrühren.

6 Die obere Hälfte der Muffins in die Glasur tauchen, gut abtropfen lassen und mit Schokostreuseln bestreuen.

TIP!
Pfefferminzöl erhalten Sie in jeder Apotheke!

Im Bild oben: Frischkäse-Baiser-Muffins
Im Bild unten: After-Eight-Muffins

Eierlikör-Muffins

Eggnog Muffins

- Gelingt leicht
- Raffiniert

Für etwa 12 Stück:

280 g Mehl (Type 405)
3 TL Backpulver
1/2 TL Natron
abgeriebene Schale von 1 unbehandelten Zitrone
1 Prise geriebene Muskatnuß
80 g gehackte Mandeln
60 g Rosinen
2 Eier
130 g brauner oder weißer Zucker
1 Päckchen Vanillezucker
80 ml neutrales Öl oder weiche Butter
200 ml Eierlikör
1 EL Rum
100 g saure Sahne
Für die Glasur:
100 g Puderzucker
3–4 EL Eierlikör
Für die Backform:
Fett oder Papierbackförmchen

Zubereitungszeit: 20 Min.
Backzeit: 20–25 Min.

Pro Stück ca.: 330 kcal
5 g EW/10 g F/41 g KH

1 Den Backofen auf 180° vorheizen. Die Vertiefungen eines Muffinsblechs einfetten oder Papierbackförmchen hineinsetzen.

2 Das Mehl in eine Schüssel geben und mit Backpulver, Natron, Zitronenschale, Muskat, Mandeln und Rosinen sorgfältig vermischen.

3 Die Eier in einer weiteren großen Schüssel leicht verquirlen. Dann den Zucker, den Vanillezucker, das Öl oder die Butter, den Eierlikör, den Rum und die saure Sahne hinzufügen und gut verrühren.

4 Die Mehlmischung zum Eigemisch geben und nur so lange rühren, bis die trockenen Zutaten feucht sind.

5 Den Teig in die Blechvertiefungen einfüllen. Im Backofen (Mitte, Umluft 160°) 20–25 Min. backen. In der Zwischenzeit den Puderzucker mit dem Eierlikör zu einem glatten Guß verrühren. Die Muffins im Backblech 5–10 Min. ruhen lassen.

6 Für die Verzierung den Puderzucker mit dem Eierlikör zu einer glatten Creme schlagen. Die obere Hälfte der Muffins in die Puderzuckerglasur tauchen.

Rotwein-Muffins

Red Wine Muffins

- Auch zum Nachmittagskaffee
- Raffiniert

Für etwa 12 Stück:

250 g Mehl (Type 405)
2 TL Backpulver
1/2 TL Natron
1 TL Zimt
3 EL Kakaopulver
100 g Schokoladenstückchen
80 g gehackte Mandeln
2 Eier
150 g brauner oder weißer Zucker
1 Päckchen Vanillezucker
100 ml neutrales Öl oder 150 g weiche Butter
1 EL Rum
1/8 l Rotwein
150 g Buttermilch
Für die Glasur:
150 g Puderzucker
2–3 EL Rotwein
Für die Backform:
Fett oder Papierbackförmchen

Zubereitungszeit: 20 Min.
Backzeit: 20–25 Min.

Pro Stück ca.: 310 kcal
6 g EW/12 g F/43 g KH

1 Den Backofen auf 180° vorheizen. Die Vertiefungen eines Muffinsblechs einfetten oder Papierförmchen hineinsetzen.

2 Das Mehl in eine Schüssel geben und mit Backpulver, Natron, Zimt, Kakao, den Schokostückchen und den gehackten Mandeln sorgfältig vermischen.

3 Die Eier in einer anderen Schüssel leicht verquirlen. Dann den Zucker, das Öl oder die Butter, den Rum, den Rotwein und die Buttermilch hinzufügen und gut verrühren.

4 Die Mehlmischung zum Eigemisch geben und nur so lange rühren, bis die trockenen Zutaten feucht sind.

5 Den Teig in die Blechvertiefungen einfüllen. Im Backofen (Mitte, Umluft 160°) 20–25 Min. backen. Die Muffins im Backblech 5–10 Min. ruhen lassen, dann aus den Förmchen nehmen und auf einem Kuchengitter gut auskühlen lassen.

6 Für die Verzierung den Puderzucker mit dem Rotwein zu einem glatten Guß verrühren. Die obere Hälfte der Muffins in die Glasur tauchen.

Im Bild oben: Eierlikör-Muffins
Im Bild unten: Rotwein-Muffins

Marmor-Muffins

Black & white Muffins

- Gelingt leicht
- Klassiker

Für etwa 12 Stück:

250 g Mehl (Type 405)
2 TL Backpulver
1/2 TL Natron
1 Ei
140 g brauner oder weißer Zucker
1 Päckchen Vanillezucker
80 ml neutrales Öl oder 125 g weiche Butter
300 g Buttermilch
1 EL Rum
60 g gehackte Walnüsse
3 EL Kakaopulver
4 EL Milch
Für die Backform:
Fett oder Papierbackförmchen

Zubereitungszeit: 15 Min.
Backzeit: 20-25 Min.

Pro Stück ca.: 210 kcal
5 g EW/8 g F/29 g KH

1 Den Backofen auf 180° vorheizen. Die Vertiefungen eines Muffinsblechs einfetten oder Papierförmchen hineinsetzen.

2 Das Mehl in eine Schüssel sieben und mit dem Backpulver und dem Natron sorgfältig vermischen.

3 Das Ei in einer anderen Schüssel leicht verquirlen. Dann den Zucker, den Vanillezucker, das Öl oder die Butter, die Buttermilch und den Rum hinzufügen und gut verrühren.

4 Die Mehlmischung zum Eigemisch geben und nur so lange rühren, bis die trockenen Zutaten feucht sind. Unter die Hälfte des Teiges die Nüsse mischen. Die restliche Hälfte des Teiges mit dem Kakaopulver und der Milch kurz verrühren.

5 Die Blechvertiefungen jeweils zur Hälfte mit dem hellen und dann mit dem dunklen Teig füllen. Im Backofen (Mitte, Umluft 160°) 20-25 Min. backen. Die Muffins im Backblech 5-10 Min. ruhen lassen, aus den Förmchen nehmen und nach Belieben noch warm servieren.

VARIANTE

Donauwellen-Muffins: Kirschen (Schattenmorellen aus dem Glas) auf dem dunklen Teig verteilen. Nach dem Backen die einzelnen Muffins erst mit Buttercreme (Rezept Seite 60), dann mit Vollmilchkuvertüre bestreichen.

Mohn-Muffins

Poppy-seed Muffins

- Braucht etwas Zeit
- Zum Mitnehmen

Für etwa 12 Stück:

30 g gemahlener Mohn
320 ml Milch
280 g Mehl (Type 405)
3 TL Backpulver
abgeriebene Schale von 1 unbehandelten Zitrone oder Orange
1 Ei
140 g brauner oder weißer Zucker
80 ml neutrales Öl oder 125 g weiche Butter
1 EL frisch gepreßter Zitronen- oder Orangensaft
Für die Verzierung:
150 g Puderzucker
1 TL abgeriebene Zitronen- oder Orangenschale von unbehandelten Früchten
2-3 EL Zitronen- oder Orangensaft
1 Päckchen Vanillezucker
Für die Backform:
Fett oder Papierbackförmchen

Zubereitungszeit: 20 Min.
Backzeit: 20-25 Min.

Pro Stück ca.: 250 kcal
4 g EW/6 g F/43 g KH

1 Den Backofen auf 180° vorheizen. Die Vertiefungen eines Muffinsblechs einfetten oder Papierförmchen hineinsetzen.

2 In einer kleinen Schüssel den Mohn mit der Milch verrühren und 10 Min. ziehen lassen.

3 Das Mehl in eine Schüssel geben und mit dem Backpulver und der Zitronen- oder Orangenschale sorgfältig vermischen.

4 Das Ei in einer anderen Schüssel leicht verquirlen. Zucker, Öl oder Butter, Zitronen- oder Orangensaft, die Mohnmilch und die Mehlmischung rühren.

5 Den Teig in die Blechvertiefungen einfüllen. Im Backofen (Mitte, Umluft 160°) 20-25 Min. backen. Die Muffins im Backblech 5-10 Min. ruhen lassen, aus den Förmchen nehmen und abkühlen lassen.

6 Für die Verzierung den Puderzucker, die Zitronen- oder Orangenschale, den Fruchtsaft und den Vanillezucker zu einem glatten Guß verrühren. Die obere Hälfte der Muffins in den Guß eintauchen.

Im Bild oben: Marmor-Muffins
Im Bild unten: Mohn-Muffins

Ahornsirup-Muffins

Maplesyrup Muffins

- Gelingt leicht
- Klassiker

Für etwa 12 Stück:

90 g Vollkornweizenmehl	
140 g Mehl (Type 405)	
2 TL Backpulver	
1/2 TL Natron	
1 TL Zimt	
100 g gehackte Walnüsse	
1 Ei	
50 g brauner oder weißer Zucker	
100 g Ahornsirup	
80 ml neutrales Öl	
2 Tropfen Bittermandel-Backaroma	
200 g Buttermilch	
Für die Verzierung:	
12 Walnußhälften oder 30 g gehackte Walnüsse	
Für die Backform:	
Fett oder Papierbackförmchen	

Zubereitungszeit: 15 Min.
Backzeit: 20-25 Min.

Pro Stück ca.: 220 kcal
5 g EW/11 g F/25 g KH

1 Den Backofen auf 180° vorheizen. Die Vertiefungen eines Muffinsblechs einfetten oder Papierförmchen hineinsetzen.

2 Beide Mehlsorten in eine Schüssel geben und mit Backpulver, Natron, Zimt und den gehackten Walnüssen sorgfältig vermischen.

3 Das Ei leicht verquirlen. Dann den Zukker, den Ahornsirup, das Öl, das Bittermandelaroma und die Buttermilch hinzufügen und gut verrühren.

4 Die Mehlmischung zum Eigemisch geben und nur so lange rühren, bis die trockenen Zutaten feucht sind.

5 Den Teig in die Blechvertiefungen einfüllen. Auf jedes Teigteil eine Walnußhälfte setzen. Im Backofen (Mitte, Umluft 160°) 20-25 Min. backen. Die Muffins im Backblech 10 Min. ruhen lassen, aus den Förmchen nehmen und nach Belieben noch warm servieren.

VARIANTE

Anstelle der Walnüsse können Sie auch andere Nüsse, wie z.B. Pecannüsse verwenden. Pecannüsse haben ein wunderbares Aroma, sind jedoch bei uns nicht so bekannt wie in Nordamerika.

Erdnußbutter-Muffins

Peanutbutter Muffins

- Gelingt leicht
- Zum Mitnehmen

Für etwa 12 Stück:

200 g Mehl (Type 405)	
2 TL Backpulver	
1/2 TL Natron	
100 g Schokostückchen	
60 g gehackte ungesalzene Erdnüsse	
1 Ei	
120 g brauner oder weißer Zucker	
120 g Erdnußbutter	
60 ml neutrales Öl	
250 g Buttermilch	
Für die Verzierung:	
40 g gehackte ungesalzene Erdnüsse	
Für die Backform:	
Fett oder Papierbackförmchen	

Zubereitungszeit: 20 Min.
Backzeit: 20-25 Min.

Pro Stück ca.: 290 kcal
9 g EW/15 g F/30 g KH

1 Den Backofen auf 180° vorheizen. Die Vertiefungen eines Muffinsblechs einfetten oder Papierförmchen hineinsetzen.

2 Das Mehl in eine Schüssel geben und mit Backpulver, Natron, den Schokostückchen und den Erdnüssen sorgfältig vermischen.

3 Das Ei in einer anderen Schüssel leicht verquirlen. Den Zucker, die Erdnußbutter, das Öl und die Buttermilch hinzufügen und gut verrühren.

4 Die Mehlmischung zum Eigemisch geben und nur so lange rühren, bis die trockenen Zutaten feucht sind.

5 Den Teig in die Blechvertiefungen füllen und mit gehackten Erdnüssen bestreuen. Im Backofen (Mitte, Umluft 160°) 20-25 Min. backen. Die Muffins im Backblech 10 Min. ruhen lassen, aus den Förmchen nehmen und nach Belieben noch warm servieren.

VARIANTE

Mit 100 g Marmelade oder Fruchtgelee als Füllung sorgen sie für Überraschung bei Ihren Gästen.
Den Teig zur Hälfte in die Blechvertiefungen einfüllen und pro Muffin 1 TL Marmelade auf den Teig geben. Mit dem restlichen Teig auffüllen.

Im Bild oben: Ahornsirup-Muffins
Im Bild unten: Erdnußbutter-Muffins

Cornflake-Muffins

Cornflake Muffins

- Gelingt leicht
- Klassiker

Für etwa 12 Stück:

100 g Cornflakes
150 g Mehl (Type 405)
2 TL Backpulver
1/2 TL Natron
abgeriebene Schale von 1 unbehandelten Zitrone
80 g Rosinen
1 Ei
130 g brauner oder weißer Zucker
1 Päckchen Vanillezucker
80 ml neutrales Öl oder 125 g weiche Butter
2 EL Zitronensaft
280 ml Buttermilch
Für die Backform:
Fett oder Papierbackförmchen

Zubereitungszeit: 20 Min.
Backzeit: 20-25 Min.

Pro Stück ca.: 160 kcal
3 g EW/4 g F/27 g KH

1 Den Backofen auf 180° vorheizen. Die Vertiefungen eines Muffinsblechs einfetten oder Papierförmchen hineinsetzen.

2 Cornflakes zerkrümeln (siehe Tip!), mit Mehl, Backpulver, Natron, Zitronenschale und den Rosinen sorgfältig vermischen.

3 Das Ei in einer anderen Schüssel leicht verquirlen. Den Zucker, Vanillezucker, das Öl oder die Butter, den Zitronensaft und die Buttermilch hinzufügen und gut verrühren.

4 Die Mehlmischung zum Eigemisch geben und nur so lange rühren, bis die trockenen Zutaten feucht sind.

5 Den Teig in die Blechvertiefungen einfüllen. Im Backofen (Mitte, Umluft 160°) 20-25 Min. backen. Die Muffins im Backblech 10 Min. ruhen lassen, dann aus den Förmchen nehmen und noch warm servieren.

VARIANTE

Anstelle der Rosinen können Sie auch 80 g gehackte Nüsse (Ihre Lieblingssorte) verwenden.

TIP!

Geben Sie die Cornflakes in eine Plastiktüte und verschließen Sie diese. (Vorsicht: ohne Lufttaschen!). Rollen Sie nun mit dem Nudelholz über die Cornflakes, bis diese zerkleinert sind.

Zucchini-Muffins

Zucchini Muffins

- Gelingt leicht
- Zum Mitnehmen

Für etwa 12 Stück:

120 g Vollkornweizenmehl
140 g Mehl (Type 405)
2 1/2 TL Backpulver
1/2 TL Natron
1/2 TL Zimt
1 Prise geriebene Muskatnuß
80 g gehackte Walnüsse
150 g Zucchini
1 Ei
130 g brauner oder weißer Zucker
1 Päckchen Vanillezucker
80 ml neutrales Öl oder 125 g weiche Butter
150 g Buttermilch
Für den Belag:
30 g gehackte Walnüsse
3 EL Zucker
1 TL Zimt
Für die Backform:
Fett oder Papierbackförmchen

Zubereitungszeit: 20 Min.
Backzeit: 20-25 Min.

Pro Stück ca.: 230 kcal
5 g EW/10 g F/30 g KH

1 Den Backofen auf 180° vorheizen. Die Vertiefungen eines Muffinsblechs einfetten oder Papierförmchen hineinsetzen.

2 Beide Mehlsorten in eine Schüssel geben und mit Backpulver, Natron, Zimt, Muskat und den gehackten Walnüssen sorgfältig vermischen.

3 Die Zucchini waschen und fein raspeln.

4 Das Ei in einer anderen Schüssel leicht verquirlen. Zucker, Vanillezucker, Öl oder Butter, Buttermilch und Zucchini hinzufügen und gut verrühren.

5 Die Mehlmischung zum Eigemisch geben und nur so lange rühren, bis die trockenen Zutaten feucht sind.

6 Den Teig in die Blechvertiefungen einfüllen. Für den Belag die Nüsse mit dem Zukker und dem Zimt gut vermischen und je 1 TL daraufgeben. Im Backofen (Mitte, Umluft 160°) 20-25 Min. backen. Die Muffins im Backblech 5 Min. ruhen lassen, dann aus den Förmchen nehmen und nach Belieben noch warm servieren.

Im Bild oben: Zucchini-Muffins
Im Bild unten: Cornflake-Muffins

Möhren-Muffins

Carrot Muffins

- Gelingt leicht
- Zum Mitnehmen

Für etwa 12 Stück:

250 g Möhren
abgeriebene Schale und Saft von 1 unbehandelten Zitrone
200 g Mehl (Type 405)
2 1/2 TL Backpulver
1/2 TL Ingwerpulver
150 g gemahlene Haselnüsse
1 Ei
150 g brauner oder weißer Zucker
100 ml neutrales Öl
200 g saure Sahne

Für die Glasur:

150 g Puderzucker
2-3 EL Zitronensaft
12 Marzipanmöhrchen (fertig gekauft)

Für die Backform:

Fett oder Papierbackförmchen

Zubereitungszeit: 20 Min.
Backzeit: 20-25 Min.

Pro Stück ca.: 330 kcal
5 g EW/15 g F/43 g KH

1 Den Backofen auf 180° vorheizen. Die Vertiefungen eines Muffinsblechs einfetten oder Papierförmchen hineinsetzen.

2 Die Möhren waschen, schälen und fein reiben. Den Zitronensaft darüber träufeln und die Zitronenschale untermischen.

3 Das Mehl mit den Möhren, dem Backpulver, dem Ingwer und den Nüssen sorgfältig vermischen.

4 Das Ei in einer anderen Schüssel leicht verquirlen. Zucker, Öl und saure Sahne dazugeben und gut verrühren. Die Mehlmischung hinzufügen und nur so lange rühren, bis die trockenen Zutaten feucht sind.

5 Den Teig in die Blechvertiefungen einfüllen und im Backofen (Mitte, Umluft 160°) 20-25 Min. backen. Die Muffins noch 10 Min. im Blech ruhen lassen, dann aus den Förmchen nehmen und auf einem Kuchengitter gut abkühlen lassen.

6 Den Puderzucker mit dem Zitronensaft zu einer glatten Glasur verrühren. Die obere Hälfte der Muffins in die Glasur eintauchen und mit den Marzipanmöhrchen verzieren.

Kartoffel-Käse-Muffins

Potato Cheese Muffins

- Gelingt leicht
- Zum Mitnehmen

Für etwa 12 Stück:

280 g Mehl (Type 405)
90 g brauner oder weißer Zucker
4 TL Backpulver
1 TL Salz
2 Eier
1 kleine in der Schale gekochte Kartoffel (vom Vortag)
50 g geriebener Emmentaler
375 ml Milch
80 ml neutrales Öl

Für die Backform:

Fett oder Papierbackförmchen

Zubereitungszeit: 20 Min.
Backzeit: 20-25 Min.

Pro Stück ca.: 190 kcal
6 g EW/7 g F/26 g KH

1 Den Backofen auf 180° vorheizen. Die Vertiefungen eines Muffinsblechs einfetten oder Papierbackförmchen hineinsetzen.

2 Das Mehl mit dem Zucker, dem Backpulver und dem Salz sorgfältig vermischen.

3 Die Eier in einer anderen Schüssel leicht verquirlen. Die Kartoffel schälen und mit der Gabel fein zerdrücken. Die Kartoffel, Käse, Milch und das Pflanzenöl zum Mehl geben und alles gut verrühren. Die Mehlmischung dazugeben und nur so lange rühren, bis die trockenen Zutaten feucht sind.

4 Den Teig in die Blechvertiefungen einfüllen. Im Backofen (Mitte, Umluft 160°) 20-25 Min. backen. Im Backblech 5-10 Min. ruhen lassen und nach Belieben noch warm servieren.

> **TIP!**
>
> Diese Muffins werden vor allem von Kindern gerne gegessen, da sie einen eher neutralen, nur leicht süßen Geschmack haben. Zum Frühstück mit Butter und Marmelade sehr zu empfehlen!

Im Bild oben: Kartoffel-Käse-Muffins
Im Bild unten: Möhren-Muffins

Pikante Muffins

Erwarten Sie unverhofft Gäste liegen Sie mit Muffins immer richtig. Muffins sind problemlos in nicht mehr als 20 Minuten zubereitet.

Beim Muffins-Backen gilt folgende Grundregel: Die trockenen Zutaten (z. B. Mehl, Backpulver) werden grundsätzlich getrennt von den feuchten (z. B. Ei, Milch) in zwei separaten Schüsseln gerührt. Sobald die trockenen Zutaten mit den feuchten vermischt werden, wird der Teig nur so lange gerührt, bis die trokkenen Zutaten feucht und noch »klumpig« sind.

Der Teig sollte also sehr schnell verarbeitet werden. Wenn ein Handrührgerät benutzt wird, dann nur für die feuchten Zutaten und auf Stufe 1! Der Teig darf nicht schaumig geschlagen werden. Die Konsistenz des Teiges ist »zähflüssig«, nicht zu flüssig und auch nicht fest. Behalten Sie den Teig gut im Auge. Wird nämlich die fertige Teigmasse zu lange gerührt oder steht sie geraume Zeit, dann löst sich das Gluten im Mehl auf und die Muffins werden dadurch hart, trocken und schwer. Je schneller Sie den Teig in die Förmchen füllen, desto lockerer und leichter werden die Muffins.

Der Teig ist richtig, wenn er leicht vom Löffel fällt.

Muffins im Vorrat

Muffins lassen sich am besten in einem luftdichten Plastikbehälter im Vorratsschrank aufbewahren. Bei längerer Aufbewahrungszeit bis zu einer Woche sollte man sie im Kühlschrank lagern.

Einfrieren – so gelingt's

Muffins eignen sich hervorragend zum Einfrieren. Sie müssen zunächst vollständig abkühlen, danach können sie luftdicht in einer Gefriertüte verpackt werden. Länger als drei Monate sollten sie nicht im Gefrierfach bleiben. Im Backofen (10-15 Min. bei 150°) oder Mikrowellenherd (2-3 Min. bei 600 Watt) sind sie schnell wieder aufgetaut und backofenfrisch. Auch der Muffinsteig läßt sich einfrieren: Füllen Sie wie gewohnt den Teig in die Blechvertiefungen. Frieren Sie nun das gesamte Blech mit Teiginhalt so lange ein, bis der Teig gefroren ist. Nehmen Sie die gefrorenen Muffins aus dem Blech und frieren Sie sie in Gefriertüten abgepackt wieder ein. Die gefrorenen Muffins setzen Sie dann in das Backblech und backen sie wie gewohnt. Die Backzeit verlängert sich um 5-10 Min.

Es lohnt sich, Muffins auf Vorrat zu backen. Beachten Sie dabei unsere Tips zum Einfrieren!

Muffins vollwertig und gesund

- Mehlsorten: Vollkornmehl, besonders frisch gemahlen, ist gesünder. Da Muffins an sich recht saftig sind, mögen auch Kinder Vollkorn-Muffins. Menschen, die glutenfrei leben müssen, können beispielsweise Soja- oder Reismehl benutzen. Ansonsten kann auch Dinkel-, Hafer-, Roggen-, Buchweizen-, Gerste- oder Kartoffelmehl verwendet werden.
- Kleie: Weizen- und Haferkleie können gegeneinander ausgetauscht werden. Haferkleie beispielsweise senkt den Cholesterinspiegel. Mischen Sie einige EL Hafer- oder Weizenkleie unter das Mehl und fügen Sie etwas mehr Flüssigkeit hinzu.
- Nußarten: Viele Menschen sind gegen eine bestimmte Nußart allergisch. Tauschen Sie diese Nußart ganz einfach gegen eine andere aus oder lassen Sie sie ganz weg!
- Triebmittel: Anstelle des Backpulvers können Sie auch Weinstein-Backpulver aus dem Reformhaus oder Bioladen benutzen. Es wird aus der Weinsäure von Weintrauben gewonnen, ist phosphatfrei und dadurch für Menschen mit Magenproblemen besser verträglich!
- Schokolade: Anstelle normaler Schokolade mit Industriezucker können Sie auch Honig-Schokolade benutzen oder Carob aus Johannisbrotkernmehl (erhältlich im Reformhaus oder Bioladen).
- Zuckersorten: Roh-Rohrzucker oder Ursüße werden aus dem vollen Zuckerrohr gewonnen und sind dadurch reicher an Nährstoffen als gebleichter Raffineriezucker. Sie können den Zucker z. B. mit Akazienhonig ersetzen oder mit dem Zuckeraustauschstoff Sorbit, Sionnon oder Süßstoff.
- Milchprodukte: Menschen mit Milcheiweißunverträglichkeit können als Flüssigkeit auch Soja- oder Reismilch oder diverse Fruchtsäfte verwenden. Die Konsistenz der Muffins kann sich dadurch jedoch ändern. Testen Sie es selbst!

Grundrezept pikante Muffins

Basic Dinner Muffin

- Gelingt leicht
- Zum Mitnehmen

Für etwa 12 Stück:

120 g Gemüse nach Belieben (z. B. Möhren, Zucchini, Paprika, Pilze)
1-2 EL Kräuter (z. B. Petersilie, Schnittlauch, Basilikum)
100 g Fleisch (Bratenreste, Wurst, roher, geräuchter oder gekochter Schinken nach Belieben)
210 g Mehl (Type 405)
40 g feine Haferflocken
3 TL Backpulver
1/2 TL Salz
Pfeffer
1/2 TL Gewürze nach Belieben (z. B. Paprikapulver, Kümmel, Thymian)
1-2 EL Röstzwiebeln nach Belieben (Fertigprodukt aus dem Glas)
1 Ei
50 ml neutrales Öl
120 g frisch geriebener Emmentaler
250 g Buttermilch
Zum Bestreuen:
50 g frisch geriebener Emmentaler
Für die Backform:
Fett

Zubereitungszeit: 25 Min.
Backzeit: 20-25 Min.

Pro Stück ca.: 180 kcal
10 g EW/9 g F/16 g KH

1 Den Backofen auf 180° vorheizen. Die Vertiefungen eines Muffinsblechs einfetten und das Backblech 5 Min. in die Tiefkühltruhe stellen.

2 Gemüse und Kräuter je nach Sorte putzen und waschen. Das Gemüse in kleine Stückchen schneiden, die Kräuter fein hacken. Das Fleisch in kleine Stückchen schneiden.

3 Das Mehl und die Haferflocken in eine Schüssel geben und mit Backpulver, Salz, Pfeffer, den Gewürzen

und nach Belieben den Röstzwiebeln sorgfältig vermischen. Das Gemüse, die Kräuter und das Fleisch mit den trockenen Zutaten vermischen.

4 Das Ei in einer anderen Schüssel leicht verquirlen. Das Öl, den Käse und die Buttermilch dazugeben und gut verrühren. Die Mehlmischung hinzufügen und nur so lange rühren, bis die trockenen Zutaten feucht sind.

5 Den Teig in die Blechvertiefungen einfüllen. Mit dem geriebenen Käse bestreuen und im Backofen (Mitte, Umluft 160°) in 20-25 Min. goldgelb backen. Die Muffins im Backblech 5-10 Min. ruhen lassen, aus den Förmchen nehmen und noch warm servieren.

Italienische Salami-Muffins

Italian Salami Muffins

- Braucht etwas Zeit
- Raffiniert

Für etwa 12 Stück:

150 g Salami
1 kleine grüne Paprika (120 g)
125 Mozzarella
1 Knoblauchzehe
1/2 Zwiebel
280 g Mehl (Type 405)
2 1/2 TL Backpulver
1/2 TL Natron
1/2 TL Salz
schwarzer Pfeffer
1/2 TL Oregano
40 g geriebener Parmesankäse
1 Ei
50 ml Olivenöl
100 g Tomatensauce (Fertigprodukt)
200 g Buttermilch
Zum Bestreuen:
50 g geriebener Emmentaler
Für die Backform:
Fett

Zubereitungszeit: 25 Min.
Backzeit: 20-25 Min.

Pro Stück ca.: 210 kcal
11 g EW/11 g F/18 g KH

1 Den Backofen auf 180° vorheizen. Die Vertiefungen eines Muffinsblechs einfetten und das Backblech 5 Min. in die Tiefkühltruhe stellen.

2 Die Salami in Würfel schneiden. Die Paprika putzen, waschen und kleinschneiden. Den Mozzarella gut abtropfen lassen, in kleine Würfel schneiden.

3 Die Knoblauchzehe schälen und zerdrükken, die Zwiebel schälen und in kleine Würfel schneiden. Das Mehl mit Backpulver, Natron, Salz, Pfeffer, Oregano, Parmesan, Knoblauch, Zwiebel, Mozzarella, den Paprika- und Salamistückchen vermischen.

4 In einer anderen Schüssel das Ei leicht verquirlen. Das Olivenöl, die Tomatensauce und die Buttermilch dazugeben und gut verrühren. Die Mehlmischung hinzufügen und kurz verrühren.

5 Den Teig in die Blechvertiefungen einfüllen und mit Käse bestreuen. Im Backofen (Mitte, Umluft 160°) 20-25 Min. backen. Muffins 5–10 Min. ruhen lassen, dann aus der Form nehmen und warm servieren.

Im Bild oben: Grundrezept pikante Muffins
Im Bild unten: Italienische Salami-Muffins

Französische Zwiebel-Schinken-Muffins

French Onion Ham Muffins

● Gelingt leicht
● Raffiniert

Für etwa 12 Stück:

200 g roher Schinken	
1 Knoblauchzehe	
1 Zwiebel	
2 Bund Schnittlauch	
100 g Vollkornweizenmehl	
100 g Mehl (Type 405)	
2 1/2 TL Backpulver	
1/2 TL Natron	
1/2 TL Salz	
1/4 TL schwarzer Pfeffer	
1/2 TL Paprika, edelsüß	
125 g geriebener Emmentaler	
1 Ei	
60 ml Öl oder	
80 g weiche Butter	
250 g Buttermilch	
Zum Bestreuen:	
50 g geriebener Emmentaler	
Für die Backform:	
Fett	

Zubereitungszeit: 25 Min.
Backzeit: 20-25 Min.

Pro Stück ca.: 220 kcal
11 g EW/14 g F/12 g KH

1 Den Backofen auf 180° vorheizen. Die Vertiefungen eines Muffinsblechs einfetten und das Backblech 5 Min. in die Tiefkühltruhe stellen.

2 Den Schinken in kleine Stückchen schneiden. Die Knoblauchzehe schälen und durch die Presse drükken. Die Zwiebel schälen und kleinhacken. Schnittlauch waschen und in Röllchen schneiden.

3 Beide Mehlsorten in eine Schüssel geben und mit Backpulver, Natron, Salz, Pfeffer, Paprika, Knoblauch, Zwiebel, Schnittlauch, dem Käse und dem Schinken vermischen.

4 Das Ei in einer anderen Schüssel leicht verquirlen. Das Öl oder die Butter und die Buttermilch dazugeben und gut verrühren. Die Mehlmischung hinzufügen und kurz verrühren.

5 Den Teig in die Blechvertiefungen einfüllen und mit Käse bestreuen. Im Backofen (Mitte, Umluft 160°) 20-25 Min. backen. Die Muffins im Backblech 5-10 Min. ruhen lassen. Dann aus den Förmchen nehmen und noch warm, etwa zu einer Zwiebelsuppe, servieren.

Englische Puten-Muffins

British Turkey Muffins

● Braucht etwas Zeit
● Klassiker

Für etwa 12 Stück:

60 g Stangensellerie	
1 kleine rote Paprikaschote (100 g)	
250 g gegartes Putenfleisch (z. B. Bratenreste, ersatzweise Putenwurst)	
1 Knoblauchzehe	
1/2 kleine Zwiebel	
1 Bund Petersilie	
250 g Mehl (Type 405)	
2 1/2 TL Backpulver	
1/2 TL Salz	
1/4 TL schwarzer Pfeffer	
1/2 TL Paprika, edelsüß	
50 g geriebener Emmentaler	
2 Eier	
30 g weiche Butter	
300 ml Buttermilch	
Für die Backform:	
Fett	

Zubereitungszeit: 25 Min.
Backzeit: 20-25 Min.

Pro Stück ca.: 150 kcal
10 g EW/5 g F/17 g KH

1 Den Backofen auf 180° vorheizen. Die Vertiefungen eines Muffinsblechs einfetten und das Backblech 5 Min. in die Tiefkühltruhe stellen.

2 Den Sellerie und den Paprika putzen und waschen. Beides in kleine Würfel schneiden. Das Putenfleisch ebenfalls klein würfeln.

3 Die Knoblauchzehe schälen und durch die Presse drücken, die Zwiebel schälen und kleinhacken. Petersilie waschen und kleinhacken. Das Mehl in eine Schüssel geben und mit Backpulver, Salz, Pfeffer, Paprika, Knoblauch, Zwiebel, Petersilie, Käse, Sellerie- und Paprikastückchen sowie dem Fleisch sorgfältig vermischen.

4 Die Eier in einer anderen Schüssel leicht verquirlen. Die Butter und die Buttermilch dazugeben und verrühren. Die Mehlmischung hinzufügen und nur so lange rühren, bis die trockenen Zutaten feucht sind.

5 Den Teig in die Blechvertiefungen einfüllen und im Backofen (Mitte, Umluft 160°) 20-25 Min. backen. Die Muffins im Backblech 5-10 Min. ruhen lassen, aus der Form nehmen und noch warm servieren.

Im Bild oben: Französische Zwiebel-Schinken-Muffins
Im Bild unten: Englische Puten-Muffins

Skandinavische Lachs-Muffins

Scandinavian Salmon Muffins

● Raffiniert
● Braucht etwas Zeit

Diese exklusiven Muffins eignen sich hervorragend fürs kalt-warme Buffet.

Für etwa 12 Stück:

200 g geräucherter Lachs
60 g Staudensellerie
50 g Frühlingszwiebeln oder Schalotten
1/2 Bund Dill
40 g saure Sahne
210 g Mehl (Type 405)
2 1/2 TL Backpulver
1/2 TL Salz
1/4 TL schwarzer Pfeffer
30 g geriebener Emmentaler
1 Ei
80 ml neutrales Öl
200 ml Buttermilch
Für die Backform:
Fett

Zubereitungszeit: 25 Min.
Backzeit: 20-25 Min.

Pro Stück ca.: 160 kcal
8 g EW/9 g F/13 g KH

1 Den Backofen auf 180° vorheizen. Die Vertiefungen eines Muffinsblechs einfetten und das Backblech 5 Min. in die Tiefkühltruhe stellen.

2 Den Lachs klein würfeln. Den Sellerie putzen, waschen, und in kleine Stückchen schneiden. Zwiebeln und Dill waschen und kleinschneiden.

3 Die saure Sahne in eine kleine Schüssel geben und mit dem Lachs, den Sellerie- und Zwiebelstückchen und dem Dill vermischen.

4 Das Mehl in eine Schüssel geben und mit dem Backpulver, dem Salz, dem Pfeffer und dem Käse vermischen.

5 Das Ei in einer anderen Schüssel leicht verquirlen. Das Öl, die Buttermilch und das Lachsgemisch dazugeben und gut verrühren. Die Mehlmischung hinzufügen und nur so lange rühren, bis die trockenen Zutaten feucht sind.

6 Den Teig in die Blechvertiefungen einfüllen und im Backofen (Mitte, Umluft 160°) 20-25 Min. backen. Die Muffins im Backblech 5-10 Min. ruhen lassen. Dann aus den Förmchen nehmen und noch warm servieren.

Schweizer Käse-Muffins

Swiss Cheese Muffins

● Braucht etwas Zeit
● Deftig

Für etwa 12 Stück:

100 g Lauch
100 g gekochter Schinken
1 Zwiebel
130 g Mehl (Type 405)
120 g feine Haferflocken
2 1/2 TL Backpulver
1/2 TL Natron
1/2 TL Salz
1/8 TL schwarzer Pfeffer
125 g geriebener Schweizer Käse
1 Ei
60 ml Öl
350 g Buttermilch
Zum Bestreuen:
50 g geriebener Schweizer Käse
Für die Backform:
Fett

Zubereitungszeit: 20 Min.
Backzeit: 20-25 Min.

Pro Stück ca.: 190 kcal
10 g EW/10 g F/15 g KH

1 Den Backofen auf 180° vorheizen. Die Vertiefungen eines Muffinsblechs einfetten und das Backblech 5 Min. in die Tiefkühltruhe stellen.

2 Den Lauch waschen, putzen und in feine Ringe schneiden. Den Schinken in kleine Würfel schneiden. Die Zwiebel schälen und klein würfeln.

3 Das Mehl in eine Schüssel geben und mit Haferflocken, Backpulver, Natron, Salz, Pfeffer, Zwiebel und Käse sorgfältig vermischen.

4 Das Ei in einer anderen Schüssel leicht verquirlen. Das Öl und die Buttermilch dazugeben und gut verrühren. Die Mehlmischung hinzufügen und nur so lange rühren, bis die trockenen Zutaten feucht sind.

5 Den Teig in die Blechvertiefungen einfüllen und mit Käse bestreuen. Im Backofen (Mitte, Umluft 160°) 20-25 Min. backen. Die Muffins im Backblech 5-10 Min. ruhen lassen. Dann aus den Förmchen nehmen und noch warm servieren.

Im Bild oben: Skandinavische Lachs-Muffins
Im Bild unten: Schweizer Käse-Muffins

Ungarische Paprika-Muffins

Hungarian Paprika Muffins

● Braucht etwas Zeit
● Deftig

Für etwa 12 Stück:

150 g scharfe ungarische Salami am Stück (Kolbasz)
1/2 grüne Paprikaschote
1/2 rote Paprikaschote
1 Knoblauchzehe
1 kleine Zwiebel
120 g Mehl (Type 405)
150 g Maismehl
3 TL Backpulver
1/2 TL Salz
1/2 TL Paprikapulver, rosenscharf
50 g frisch geriebener Emmentaler
1 Ei
80 ml neutrales Öl
250 ml Buttermilch
Für die Backform:
Fett

Zubereitungszeit: 25 Min.
Backzeit: 20–25 Min.

Pro Stück ca.: 190 kcal
7 g EW/10 g F/17 g KH

1 Den Backofen auf 180° vorheizen. Die Vertiefungen eines Muffinsblechs einfetten und das Backblech 5 Min. in die Tiefkühltruhe stellen.

2 Die Salami in dicke Scheiben, dann in Achtel schneiden. 12 Wurststückchen zur Seite legen. Die restliche Salami in kleine Würfel schneiden.

3 Die Paprika kleinschneiden. Die Knoblauchzehe und die Zwiebel schälen und kleinschneiden.

4 Beide Mehlsorten in eine Schüssel geben und mit Backpulver, Salz, Paprikapulver, Salami- und Paprikastückchen, Knoblauch, Zwiebel und dem Käse sorgfältig vermischen.

5 Das Ei in einer anderen Schüssel leicht verquirlen. Das Öl und die Buttermilch dazugeben und gut verrühren. Die Mehlmischung hinzufügen und kurz verrühren.

6 Den Teig in die Blechvertiefungen einfüllen. Auf jedes Teigteil ein Salamistückchen setzen und leicht in den Teig eindrücken. Im Backofen (Mitte, Umluft 160°) 20-25 Min. backen. Die Muffins im Backblech 5-10 Min. ruhen lassen. Dann aus den Förmchen nehmen und noch warm servieren.

Spanische Meeresfrüchte-Muffins

Spanish Seefood Muffins

● Gelingt leicht
● Raffiniert

Für etwa 12 Stück:

150 g Krabben oder Garnelen
60 g Stangensellerie
1 Bund Petersilie
90 g saure Sahne
30 g frisch geriebener Emmentaler
200 g Mehl (Type 405)
2 TL Backpulver
1/2 TL Salz
schwarzer Pfeffer
1/2 TL Thymian
1 Ei
80 ml neutrales Öl
185 ml Buttermilch
Für die Backform:
Fett

Zubereitungszeit: 20 Min.
Backzeit: 20–25 Min.

Pro Stück ca.: 130 kcal
6 g EW/6 g F/13 g KH

1 Den Backofen auf 180° vorheizen. Die Vertiefungen eines Muffinsblechs einfetten und das Backblech 5 Min. in die Tiefkühltruhe stellen.

2 Die Krabben bzw. Garnelen waschen und in grobe Stückchen schneiden. Den Sellerie putzen, waschen und in kleine Stückchen schneiden. Die Petersilie waschen und kleinschneiden.

3 Die saure Sahne in eine Schüssel geben und mit den Krabben, den Selleriestückchen, dem Käse und der Petersilie vermischen.

4 Das Mehl in eine Schüssel geben und mit dem Backpulver, dem Salz, Pfeffer und dem Thymian vermischen.

5 Das Ei in einer anderen Schüssel leicht verquirlen. Das Öl, die Buttermilch und die Krabbenmischung dazugeben und gut verrühren. Die Mehlmischung hinzufügen und kurz verrühren.

6 Den Teig in die Blechvertiefungen einfüllen. Im Backofen (Mitte, Umluft 160°) 20-25 Min. backen.

Im Bild oben: Spanische Meeresfrüchte-Muffins
Im Bild unten: Ungarische Paprika-Muffins

Kanadische Wildreis-Pilz-Muffins

Canadian Wild Rice & Mushroom Muffins

- Raffiniert
- Braucht etwas Zeit

Für etwa 12 Stück:

1/2 TL Salz
100 g Wildreis
1 kleine Dose Champignons (Abtropfgewicht 170 g)
120 g gekochtes Putenfleisch oder geräucherter Schinken
1 Knoblauchzehe
1 Zwiebel
250 g Mehl (Type 405)
2 1/2 TL Backpulver
1/2 TL Natron
3/4 TL Salz
Pfeffer
20 g gehackte Macadamia- oder Walnüsse
2 Eier
60 ml neutrales Öl
300 g Buttermilch
Für die Backform:
Fett

Zubereitungszeit: 25 Min.
Backzeit: 25-30 Min.

Pro Stück ca.: 190 kcal
8 g EW/8 g F/23 g KH

1 300 ml Wasser und 1/2 TL Salz zum Kochen bringen. Den Wildreis hinzufügen und in etwa 25 Min. gar kochen. Den Reis in einem Sieb abtropfen und abkühlen lassen.

2 Den Backofen auf 180° vorheizen. Die Vertiefungen eines Muffinsblechs einfetten und das Backblech 5 Min. in die Tiefkühltruhe stellen.

3 Die Pilze abtropfen lassen und kleinschneiden. Putenfleisch oder Schinken in kleine Würfel schneiden. Knoblauchzehe schälen und durch die Presse drükken. Zwiebel schälen und kleinwürfeln. Das Mehl in eine Schüssel geben und mit Backpulver, Natron, Salz, Pfeffer, den Nüssen, den Puten- oder Schinkenstückchen, dem Knoblauch und der Zwiebel vermischen.

4 Die Eier in einer anderen Schüssel leicht verquirlen. Dann das Öl, die Buttermilch, die Pilze und den Reis dazugeben und gut verrühren. Die Mehlmischung hinzufügen und kurz verrühren.

5 Den Teig in die Blechvertiefungen einfüllen. Im Backofen (Mitte, Umluft 160°) 25-30 Min. backen. Die Muffins im Backblech 5-10 Min. ruhen lassen. Dann aus den Förmchen nehmen und noch warm servieren.

Amerikanische Thunfisch-Muffins

American Tuna Muffins

- Zum Mitnehmen
- Deftig

Für etwa 12 Stück:

60 g Stangensellerie
1 rote Paprikaschote
50 g grüne Oliven mit Füllung
1 Dose Thunfisch (Abtropfgewicht 150g)
210 g Mehl (Type 405)
2 1/2 TL Backpulver
1/2 TL Salz
1 Ei
80 ml neutrales Öl
125 g Naturjoghurt
125 ml Buttermilch
2 TL mittelscharfer Senf
Für die Backform:
Fett

Zubereitungszeit: 25 Min.
Backzeit: 20-25 Min.

Pro Stück ca.: 150 kcal
6 g EW/8 g F/14 g KH

1 Den Backofen auf 180° vorheizen. Die Vertiefungen eines Muffinsblechs einfetten und das Backblech 5 Min. in die Tiefkühltruhe stellen.

2 Den Sellerie und die Paprikaschote putzen und waschen. Beides in kleine Würfel schneiden. Die Oliven in Scheiben schneiden.

3 Den Thunfisch aus der Dose nehmen, abtropfen lassen und mit einer Gabel in kleine Stückchen zerpflücken.

4 Das Mehl in eine Schüssel geben und mit dem Backpulver, dem Salz, dem Gemüse, den Oliven und dem Thunfisch sorgfältig vermischen.

5 Das Ei in einer anderen Schüssel leicht verquirlen. Das Öl, den Joghurt, die Buttermilch und den Senf dazugeben und gut verrühren. Die Mehlmischung hinzufügen und nur so lange rühren, bis die trockenen Zutaten feucht sind.

6 Den Teig in die Blechvertiefungen einfüllen und im Backofen (Mitte, Umluft 160°) 20-25 Min. backen. Die Muffins im Backblech 5-10 Min. ruhen lassen. Dann aus den Förmchen nehmen und noch warm servieren.

Im Bild oben: Kanadische Wildreis-Pilz-Muffins
Im Bild unten: Amerikanische Thunfisch-Muffins

Mexikanische Mais-Muffins

Mexican Corn Muffins

- Zum Mitnehmen
- Raffiniert

Für etwa 12 Stück:

1/2 rote Paprikaschote
1/2 grüne Paprikaschote
100 g Maiskörner (aus der Dose)
130 g Mehl (Type 405)
150 g Maismehl
2 1/2 TL Backpulver
1/2 TL Natron
1/2 TL Salz
schwarzer Pfeffer
1/2 TL Chilipulver
1 TL Paprikapulver, edelsüß
1 Ei
60 ml neutrales Öl
300 g Buttermilch, Naturjoghurt oder saure Sahne
1/2 TL Tabascosauce nach Belieben

Für die Backform:
Fett

Zubereitungszeit: 25 Min.
Backzeit: 20-25 Min.

Pro Stück ca.: 140 kcal
4 g EW/4 g F/22 g KH

1 Den Backofen auf 180° vorheizen. Die Vertiefungen eines Muffinsblechs einfetten und das Backblech 5 Min. in die Tiefkühltruhe stellen.

2 Die Paprika putzen, waschen und klein würfeln. Die Maiskörner in einem Sieb gut abtropfen lassen.

3 Beide Mehlsorten in eine Schüssel geben und mit Paprikawürfeln, Maiskörnern, Backpulver, Natron, Salz, Pfeffer, Chilipulver und Paprikapulver sorgfältig vermischen.

4 Das Ei in einer anderen Schüssel leicht verquirlen. Das Öl, das Milchprodukt und nach Belieben die Tabascosauce dazugeben und gut verrühren. Die Mehlmischung hinzufügen und nur so lange rühren, bis die trockenen Zutaten feucht sind.

5 Den Teig in die Blechvertiefungen einfüllen. Im Backofen (Mitte, Umluft 160°) 20-25 Min. backen. Die Muffins im Backblech 5-10 Min. ruhen lassen, dann aus den Förmchen nehmen und noch warm servieren.

TIP!

Das gelbe Maismehl erhalten Sie in jedem gutsortierten Supermarkt oder im Reformhaus.

Chinesische Muffins

Chinese Muffins

- Braucht etwas Zeit
- Raffiniert

Für etwa 12 Stück:

80 g Sojabohnenkeimlinge
80 g Bambussprossen (aus dem Glas)
80 g Ananas (frisch oder aus der Dose)
120 g gegartes Fleisch (Reste oder ersatzweise Roastbeef)
250 g Mehl (Type 405)
1/2 TL Salz
1 TL Chinagewürz
2 1/2 TL Backpulver
1/2 TL Natron
1 Ei
60 ml neutrales Öl
300 g Buttermilch
2 El Sojasauce

Für die Füllung:
1 TL Speisestärke
80 ml kalte Fleischbrühe
1 EL Tomatenmark
1 EL Essig
1 1/2 EL Zucker
1 EL Sojasauce
Salz

Für die Backform:
Fett oder Papierbackförmchen

Zubereitungszeit: 25 Min.
Backzeit: 20-25 Min.

Pro Stück ca.: 140 kcal
7 g EW/4 g F/19 g KH

1 Den Backofen auf 180° vorheizen. Die Vertiefungen eines Muffinsblechs einfetten oder Papierbackförmchen hineinsetzen.

2 Die Sojabohnenkeimlinge waschen und abtropfen lassen. Bambussprossen in ein Sieb geben. Beides in kleine Stückchen schneiden. Die Ananas kleinschneiden. Das Fleisch klein würfeln. Sojabohnen, Bambussprossen, Ananas und das Fleisch miteinander vermischen. 5 EL davon für die Füllung beiseite stellen.

3 Das Mehl mit dem Salz, Chinagewürz, dem Backpulver und dem Natron gut vermischen. Die Mehlmischung mit der Gemüsemischung sorgfältig verrühren.

4 Das Ei in einer anderen Schüssel leicht verquirlen und mit dem Öl, der Buttermilch und der Sojasauce kurz verrühren.

5 Für die Füllung in einem kleinen Topf die Speisestärke mit dem Schneebesen in die Brühe einrühren, so daß sich keine Klumpen bilden. Tomatenmark, Essig, Zucker, Sojasauce und 1 Prise Salz hinzufügen und unter ständigem Rühren zum Kochen bringen. Dann abkühlen lassen und die restliche Gemüse-

Fleisch-Mischung unterheben.

6 Die Mehlmischung zu dem Eigemisch geben und nur so lange rühren, bis die trockenen Zutaten feucht sind.

7 Die Vertiefungen des Muffins-Blechs zu jeweils 1/3 mit Teig füllen. Mit einem Teelöffel eine kleine Kuhle in den Teig drücken und jeweils 1 TL Füllung daraufgeben und mit Teig auffüllen.

8 Im Backofen (Mitte, Umluft 160°) 20-25 Min. backen. Im Backblech etwa 10 Min. ruhen lassen. Warm servieren!

TIP!

Als Fleisch eignet sich Hähnchen, Puten-, Rind- oder Schweinefleisch. Entscheiden Sie je nach Geschmack.

Im Bild oben: Mexikanische Mais-Muffins
Im Bild unten: Chinesische Muffins

Muffins-Dekoration

Muffins können zu jeder Tages- und Nachtzeit serviert werden:

• <u>Muffins zum Frühstück:</u> Morgens, zu einer Tasse frisch gebrühten Kaffee, Tee oder Kakao sorgen Muffins für einen guten Start in einen neuen Tag.

• <u>Muffins als Snack:</u> Genau das Richtige für zwischendurch, zum zweiten Frühstück, zur Vesper oder Brotzeit und für Kinder als Pausensnack.

• <u>Muffins als Hauptmahlzeit:</u> Als Beilage zu einer warmen Suppe im Winter oder mit einem knackigen, frischen Salat im Sommer runden Muffins das Menü erst ab.

• <u>Muffins zum Kaffeekränzchen:</u> Verwöhnen Sie Ihre Gäste am Nachmittag mit frisch gebackenen Muffins.

• <u>Muffins zum Kindergeburtstag:</u> Mit Schokoguß überzogene und hübsch verzierte Muffins sorgen bei Ihren kleinen Gästen für Furore. Damit ist der Kindergeburtstag gerettet!

• <u>Muffins als Geschenkidee:</u> Hübsch in Klarsichtfolie oder in eine Schachtel verpackt sorgen Muffins als Mitbringsel für eine gelungene Überraschung.

• <u>Muffins fürs Picknick:</u> Bei sommerlicher Sonne sind Muffins ein echter Stimmungsmacher. Im Picknickkorb dürfen sie niemals fehlen, weil sie ideal zum Mitnehmen sind.

Selbstgebackene, hübsch verzierte Muffins sind ein immer beliebtes Gastgeschenk.

Essen & Servieren

<u>Süße Muffins:</u>
Die Nordamerikaner essen zu Muffins, wie zum Brot, Butter, Marmelade oder Honig. Je nach Geschmack können zu Muffins auch Apfelmus, Früchtekompott oder -püree, eine Kaltschale, Eis oder Schlagsahne serviert werden.
<u>Herzhafte Muffins:</u>
Maismehlmuffins usw. werden zum Mittag- oder Abendessen, zu Chili con carne, einem knackig frischen Salat oder einer Suppe gereicht. Pikante Muffins schmecken am besten frisch aus dem Backofen und noch warm!

Muffins-Dekorationen

Überraschen Sie Ihre Gäste mit wunderschön dekorierten Muffins. Dekorieren Sie die Muffins passend zur Jahreszeit oder zu einem festlichen Anlaß. Für Kindergeburtstage können Muffins auch mit kleinem Spielzeug (z. B. Figuren oder Tiere aus Kunststoff) dekoriert werden, die Ihre Geburtstagsgäste dann als Geschenk mit nach Hause nehmen dürfen.

Oster-Muffins
Überziehen Sie die Muffins mit einer Glasur, einer Creme oder einem Guß. Setzen Sie auf jeden Muffin z. B. ein kleines Marzipanhäschen, ein Zuckerküken oder Ostereier aus Zucker oder Schokolade.

Muttertags-Muffins
Backen Sie die Muffins in einer Muffins-Herzform. Verzieren Sie die Muffins mit einem Guß (siehe S. 59 »Icing«) und setzen Sie Schoko- oder Zuckerherzchen auf jeden Muffin. Wer Muße hat, kann auch aus Marzipan hübsche Röschen formen. Oder Sie verzieren die Herzen mit einer Aufschrift aus Zuckerguß. Der Phantasie sind hier keine Grenzen gesetzt.

Weihnachts-Muffins
Überziehen Sie die Muffins mit einem Guß und dekorieren Sie jeden Muffin verschieden, z. B. mit einer kleinen Kerze, einem Marzipanstern, einem kleinen Schokonikolaus.

Geburtstagstisch-Muffins
Basteln Sie mit Buntpapier rechteckige Namensschildchen. Schreiben Sie auf jedes Schild den Namen der Geburtstagsgäste. Kleben Sie jeweils einen Zahnstocher an die Schildchen und stecken Sie diese in die Muffins. So werden die Muffins zu Platzhaltern auf den Kuchentellern. Darüber freuen sich nicht nur kleine Gäste.

Bei Muffins-Dekorationen können Sie Ihrer Phantasie freien Lauf lassen!

Schokocreme

● Schnell
● Gelingt leicht

Für etwa 12 Muffins:

25 g weiches weißes Pflanzenfett
150 g Puderzucker
1 TL Vanillezucker
40 g Mehl (Type 405)
2 gehäufte EL Kakaopulver
Smarties, bunte Zuckerstreusel, Zuckerperlen usw.

Zubereitungszeit: 5 Min.

Pro Portion ca.: 100 kcal
1 g EW/3 g F/18 g KH

1 In einer kleinen Schüssel das Fett, Puderzucker, Vanillezucker, Mehl, Kakaopulver und 50 ml Wasser mit dem Handrührgerät zu einer glatten Creme rühren.

2 Die abgekühlten Muffins mit der Creme bestreichen und mit Smarties usw. nach Belieben hübsch verzieren.

TIP!

Muffins mit Schokocreme sind das richtige für Kinder, aber auch alle erwachsenen Süßschnäbel kommen auf ihre Kosten. Besonders gut paßt Schokocreme auf Orangen-Schoko-Muffins (S. 16), Schwarzwälder-Kirsch-Muffins (S. 18), Marmor-Muffins (S. 32) und Schoko-Kokos-Muffins (S. 22).

Vanillecreme

● Gelingt leicht
● Raffiniert

Für etwa 12 Muffins:

150 g Frischkäse
2 EL weiche Butter
100 g Puderzucker
3 TL Vanillezucker
Marzipan- oder Zuckerfigürchen

Zubereitungszeit: 5 Min.

Pro Portion ca.: 100 kcal
1 g EW/5 g F/12 g KH

1 In einer kleinen Schüssel den Frischkäse, die Butter, den Puderzucker und den Vanillezucker mit dem Handrührgerät zu einer glatten Creme rühren.

2 Die abgekühlten Muffins mit der Creme bestreichen, leicht antrocknen lassen und mit Marzipan- oder Zuckerfigürchen hübsch verzieren.

TIP!

Vanillecreme eignet sich für alle hellen Muffins: Bananen-Beeren-Muffins (S. 6), Heidelbeer-Muffins (S. 10), Himbeer-Streusel-Muffins (S. 10) und Ahornsirup-Muffins (S. 34). Für die Ahornsirup-Muffins sollten Sie der Creme noch 1 EL Ahornsirup hinzufügen.

Zuckerglasur

- Schnell
- Klassiker

Für etwa 12 Muffins:

150 g Puderzucker
2–3 EL Flüssigkeit (nach Belieben Fruchtsaft, Likör, Wein, Kaffee)
5 EL gehackte Nüsse (z. B. Walnüsse, Mandeln, Pistazien, Kokosflocken)
Party-Deko-Material (Schirmchen, Party-Kerzen, Fähnchen usw.)

Zubereitungszeit: 5 Min.

Pro Portion ca.: 85 kcal
1 g EW/3 g F/13 g KH

1 In einer kleinen Schüssel den Puderzucker und die Flüssigkeit mit dem Handrührgerät zu einem glatten Guß verrühren.

2 Die abgekühlten Muffins in den Zuckerguß eintauchen, leicht antrocknen lassen und mit Nüssen bestreuen. Nach Belieben mit Party-Deko-Material hübsch dekorieren.

TIP!

Die Zuckerglasur paßt besonders gut zu hellen Muffins, etwa zu den Ananas-Litschi-Muffins (S. 12), wobei Sie als Flüssigkeit Ananas- oder Litschisaft verwenden sollten. Bei den Trauben-Marzipan-Muffins (S. 14) nehmen Sie entsprechend Weißwein oder Traubensaft, die Zitronen-Muffins (S. 16) schmecken mit Zitronensaft und 1 TL abgeriebener Zitronenschale in der Glasur.

Amerikanische Glasur

American Icing

- Schnell
- Klassiker

Für etwa 12 Muffins:

150 g weiches weißes Pflanzenfett
150 g Puderzucker
1 Päckchen Vanillezucker
Milch oder Wasser (nach Bedarf)
Zucker- oder Schokostreusel
Party-Deko-Material (Schirmchen, Party-Kerzen, Fähnchen usw.)

Zubereitungszeit: 10 Min.

Pro Portion ca.: 180 kcal
0 g EW/13 g F/15 g KH

1 In einer kleinen Schüssel das Pflanzenfett, den Puderzucker und den Vanillezucker mit dem Handrührgerät schaumig schlagen. Die Creme sollte die Konsistenz von steifgeschlagener Schlagsahne haben. Wenn die Creme zu fest ist, können Sie tröpfchenweise Milch oder Wasser, hinzufügen. Vorsicht, die Creme darf nicht zu flüssig werden, sonst eignet sie sich nicht zum Spritzen.

2 Das »Icing« in einen Spritzbeutel geben und auf die fertigen Muffins dekorativ aufspritzen. Nach Belieben mit Zucker- oder Schokostreusel bestreuen und mit Party-Deko-Material hübsch dekorieren!

TIP!

Für das »American Icing« eignen sich alle Früchte-Muffins (S. 6–18) und alle Allround-Muffins (S. 22–38) ohne Belag.

Sommer-Eis-Muffins

Ice Cream Summer Muffins

- Braucht etwas Zeit
- Raffiniert

An einem heißen Sommertag sorgen Eis-Muffins für eine kühle Erfrischung. Diese Muffins können auch als Dessert gereicht werden - probieren Sie es aus! Für eine Eiscreme-Füllung eignen sich alle Früchte-Muffins oder Allround-Muffins ohne Füllung und ohne Belag (Rezepte auf den Seiten 6–38). Zu Himbeer-Muffins (S. 10, ohne Streusel) paßt gut Himbeereis oder eine andere beerige Eiscreme, Zitroneneis ist eine erfrischende Ergänzung zu den Zitronen-Muffins (S. 16), die Mokka-Muffins füllen Sie idealerweise mit Mokkaeis, Schoko-Kokos-Muffins munden entsprechend mit Kokos- oder Schokoladeneis. Doch auch hier haben Sie die große Freiheit: Erlaubt ist, was schmeckt! Wählen Sie einfach die Eissorte passend zu der Muffins-Sorte oder greifen Sie zu Ihrem Lieblingseis!

Für 24 Eis-Muffins:

12 fertig gebackene abgekühlte Muffins
24 mittelgroße Eiskugeln (z. B. Vanilleeis)
200 g Sahne
1 Päckchen Sahnesteif (nach Belieben)
150 g Schokosauce (Fertigprodukt)
5 EL gehackte Nüsse oder Schokostreusel
Zum Verzieren:
200 g frische oder konservierte Früchte

Zubereitungszeit: 15 Min.

Pro Stück ca.: 215 kcal
4 g EW/12 g F/25 g KH

1 Die Muffins quer halbieren. Die obere Hälfte der Muffins umdrehen und beide Hälften auf einen Teller plazieren. Je 1 Kugel der gewünschten Eiscremesorte auf die Muffinshälften portionieren.

2 Die Sahne nach Belieben mit Sahnesteif steif schlagen. Auf die mit je einer Eiskugel belegten Muffinshälften je 1-2 EL Sahne geben. Je 1 EL der Schokosauce in feinen Linien über die Muffins geben und mit gehackten Nüssen oder Schokostreuseln bestreuen.

3 Die frischen Früchte je nach Sorte putzen, waschen und in Schnitzchen schneiden. Konservierte Früchte ebenso klein schneiden und hübsch auf jedem Teller verteilen. Das Dessert gleich servieren, da sonst die Sahne und das Eis schmilzt.

VARIANTE

Aus fertig gebackenen Muffins können Sie zur Abwechslung auch einmal Muffin-Sandwiches zaubern. Sie brauchen dafür lediglich 1 Packung Eiscreme Ihrer Wahl, die Sie in große Kugeln portionieren können. Die Muffins halbieren Sie jeweils quer, legen 1 Kugel Eis darauf und setzen die obere Muffinshälfte als Deckel auf die Eiskugel.

TIP!

Vanilleeis als neutrale Eissorte paßt immer. Für besondere Gelegenheiten sollten Sie die Eis-Muffins unbedingt einmal mit selbstgemachtem Vanilleparfait servieren. Parfait ist eine halbgefrorene Eisspezialität, die auch ohne Eismaschine perfekt gelingt.
Dafür 2 Vanilleschoten längs aufschneiden, das Mark herauskratzen und mit 1/4 l Sahne in einem Topf aufkochen lassen. 8 Eier trennen, 4 Eiweiß separat in eine saubere, fettfreie Rührschüssel geben. 8 Eigelb mit 70 g Puderzucker mit den Schneebesen des Handrührgeräts schaumig schlagen. Unter die Eier-Zucker-Masse die noch heiße Sahne gießen. Die Masse – nach Belieben in einem Eiswasserbad – rühren, bis sie kalt ist. Die 4 Eiweiß mit 60 g Puderzucker zu steifem Schnee schlagen und vorsichtig unter die Eiersahnemasse heben. Die Parfaitmasse in eine geeignete Schüssel füllen und für mindestens 5 Std. ins Gefriergerät stellen. Parfait dann verarbeiten wie im Rezept beschrieben.

Im Bild oben: Muffin-Sandwich (Variante)
Im Bild unten: Sommer-Eis-Muffins

Muffins-Verzierungen

Muffins eignen sich hervorragend zum Bestreuen, zum Verzieren und zum Dekorieren. Verzaubern Sie Ihre Gäste mit Ihrer eigenen Kreation.

Zum Bestreuen

Puderzucker oder Kakaopulver
4 EL Puderzucker oder
4 EL Kakaopulver

Den Puderzucker oder Kakao in ein Sieb geben und die abgekühlten Muffins damit bestreuen.

Zimt & Zucker
2 EL Zucker
1/2 TL Zimt

Den Zucker mit dem Zimt vermischen und auf die noch warmen Muffins streuen.

Zum Glasieren

Marmeladenglasur
3 EL Marmelade ohne Stückchen oder Gelee (z. B. Aprikosenmarmelade)
1 EL Obstschnaps (ersatzweise Wasser)

Die Marmelade mit dem Schnaps in einem warmen Wasserbad erhitzen. Die warmen Muffins mit der Marmeladenglasur bestreichen.

Butter-Zucker-Glasur
2 EL weiche Butter
2 EL Sahne oder Milch
80 g brauner Zucker
Zum Bestreuen:
4 EL gehackte Nüsse

Butter, Sahne oder Milch und Zucker in einem kleinen Kochtopf aufkochen und 3 Min. leicht köcheln lassen. Über die noch warmen Muffins geben und mit den Nüssen bestreuen.

Honigglasur
250 g Honig
100 g Ahornsirup
1 EL Butter
Zum Bestreuen:
4 EL gehackte Nüsse

Honig, Ahornsirup und Butter kurz aufkochen. Die Glasur etwas abkühlen lassen und auf die leicht abgekühlten Muffins geben. Die Glasur kurz antrocknen lassen und nach Belieben mit gehackten Nüssen bestreuen.

Honig-Zimt-Glasur
100 g Honig
125 g Butter
2 TL Zimt
Zum Bestreuen:
4 EL gehackte Nüsse

Honig, Butter und Zimt mit dem Handrührgerät schaumig schlagen. Die Glasur auf die abgekühlten Muffins streichen und mit Nüssen bestreuen.

Zum Aufspritzen

Sahnehäubchen
200 g Sahne
1 Päckchen Vanillezucker
1 Päckchen Sahnesteif nach Belieben
Früchte nach Belieben zum Verzieren

1 Die Sahne mit Zucker und nach Belieben Sahnesteif in einer Rührschüssel mit den Schneebesen des Handrührgeräts steif schlagen.

2 Die Sahne in einen Spritzbeutel geben und auf die ausgekühlten Muffins spritzen. Nach Belieben mit Früchten verzieren.

Buttercreme
1/4 l Milch
1/2 Päckchen Vanille-Puddingpulver
100 g Butter
100 g Puderzucker
1 Päckchen Vanillezucker oder 1 EL Rum

1 Die Hälfte der Milch erhitzen. Die andere Hälfte mit dem Puddingpulver mischen. Das Puddingpulver-Gemisch unter ständigem Rühren in die Milch einrühren. Den Pudding kurz aufkochen, zur Seite stellen und abkühlen lassen.

2 Die Butter schaumig schlagen. Den Puderzucker unterrühren. Den Vanillezucker oder den Rum unterrühren. Den Pudding eßlöffelweise unter die Butter rühren, bis eine glatte Creme entsteht.

3 Die Buttercreme in einen Spritzbeutel füllen und die Muffins damit verzieren.

Im Bild von oben nach unten (im Uhrzeigersinn): Muffin mit Puderzucker, Muffin mit Buttercreme, Muffin mit Sahnehäubchen, Muffin mit Honigglasur

Impressum

Redaktion: Christine Wehling
Assistenz: Stefanie Poziombka
Lektorat: Bettina Bartz
Layout, Typographie und Umschlaggestaltung: Heinz Kraxenberger
Satz und Herstellung: Verlagssatz Lingner
Produktion: Helmut Giersberg
Fotos: Odette Teubner
Reproduktion: Repro Schmidt, Dornbirn
Druck und Bindung: Kaufmann, Lahr
ISBN 3-7742-1158-2

Auflage	5.	4.	3.	
Jahr	03	2002	2001	2000

Jutta Renz
ist »made in Germany«. Sie studierte Musik und Medienkommunikation in Kanada. Ein Indianer ernannte sie dort zur »Miss Muffin«, weil die kleinen Kuchen zu ihrer Leidenschaft geworden waren. Als sie in ihre Heimat zurückkehrte, hatte sie eine Vision: Deutschland braucht Muffins! Jahre später veröffentlichte sie das erste Muffins-Backbuch in deutscher Sprache. Mittlerweile sind mehr als eine halbe Million ihrer Muffinskochbücher im Einsatz.

Odette Teubner
wuchs bereits zwischen Kameras, Scheinwerfern und Versuchsküche auf. Ausgebildet wurde sie durch ihren Vater, den bekannten Food-Fotografen Christian Teubner. Nach einem kurzen Ausflug in die Modefotografie kehrte sie in die Foodbranche zurück und hat seitdem das seltene Glück, Beruf und Hobby zu vereinen.

GASHERD-TEMPERATUR

Die Temperaturstufen bei Gasherden variieren von Hersteller zu Hersteller. Welche Stufe Ihres Herdes der jeweils angegebenen Temperatur entspricht, entnehmen Sie bitte der Gebrauchsanweisung.

BACKEN MIT UMLUFT

Alle Temperatur- und Zeitangaben im Buch beziehen sich aufs Backen mit Ober- und Unterhitze. Die entsprechende Umluft-Temperatur ist etwa 10 % geringer und ist in jedem Rezept in Klammern angegeben.

ABKÜRZUNGEN

TL = Teelöffel
EL = Eßlöffel
Msp. = Messerspitze

kcal = Kilokalorien
EW = Eiweiß
F = Fett
KH = Kohlenhydrate

MENGEN

In Amerika werden die Rezeptzutaten nicht gewogen, sondern in »Cups«, Tassen, gemessen. Alle Zutaten für dieses Buch wurden in Gramm umgerechnet, deshalb die etwas ungewöhnlichen Mengenangaben.

Ihr Gräfe und Unzer Verlag
Redaktion Kochen
Postfach 86 03 25
81630 München
Fax: 0 89 / 4 19 81 - 113
e-mail:
leserservice@graefe-und-unzer.de